La música en todos los MINISTERIOS

Nimrod Pérez

LA MÚSICA EN TODOS LOS MINISTERIOS

e625 - 2024

Dallas, Texas

e625 ©2024 por Nimrod Pérez

Todas las citas bíblicas son de la Nueva Biblia Viva (NBV) a menos que se indique lo contrario.

Edición: **Enjoy Servicios Editoriales**

Diseño: **Giuliana Bravo Castellan I Mavig.dg**

ISBN: 978-1-954149-60-1

IMPRESO EN ESTADOS UNIDOS

Estas páginas están dirigidas a los músicos, en especial a aquellos que hacen música en las iglesias.

Fueron escritas para los pastores, para que puedan guiar, enseñar y demandar de sus músicos lo que la Palabra de Dios nos ha enseñado.

Están pensadas para los ministros y líderes de los diferentes ministerios de las iglesias, para que compartan, conozcan y vean a sus músicos como los aliados y hermanos que son.

Apuntan a la congregación en general, para que la iglesia entienda la carga que pesa sobre sus músicos, pero igual les exijan y más aún les ayuden como miembros de un solo cuerpo: el cuerpo de Cristo.

Este libro está dirigido a ti, que lo estás leyendo, porque sabes que la música es algo más que meros sonidos. Lo estás leyendo porque Dios quiere mostrarte la importancia de la música en los ministerios fundamentales de la iglesia cristiana.

AGRADECIMIENTOS

Agradezco a Dios por traerme a una familia donde la base fundamental del día a día sin dudas ha sido amar a Dios y al prójimo. Dios es bueno, cada día.

Agradezco a mis padres Nice y Gerardo por ser ese ejemplo de proclamación, enseñanza, servicio, compañerismo, adoración y todo lo que incluye cada ministerio. Mis padres me enseñaron con su ejemplo diario cómo es el discipulado, la visitación, la decoración del templo, la oración, las misiones, el diezmo, la mayordomía, entre miles de cosas.

Agradezco a mi hermano, quien desde niño ha sido mi guía y ejemplo a seguir. Un líder natural, mi héroe, aun siendo adultos. Me enseñó la dedicación a Dios. "Si un ensayo sale bien, es porque puede salir mejor". Atender a los detalles, planificar y ejecutar lo mejor porque Dios es digno de nuestro mayor y mejor esfuerzo.

Nuevamente, agradezco a Dios porque Él es bueno, porque para siempre es su misericordia.

CONTENIDOS

INTRODUCCIÓN

CINCO MINUTOS + 1

Este libro comenzó en Buenos Aires, Argentina, como un pequeño bosquejo para una conferencia que me invitaron a dar sobre "Música en la iglesia". Debo admitir que al principio mi intención era organizar un taller para los directores de música con un enfoque directo en cómo escoger a sus músicos, cuál es el ejemplo que nos presenta la Biblia, y cuál debería ser el perfil de los músicos en la actualidad, todo siempre enmarcado en la Palabra de Dios.

El giro que tomó el bosquejo lo considero una de esas jugadas maestras que Dios hace en nuestras vidas. Allí comenzó una seguidilla de "casualidades" (o causalidades) divinamente orquestadas que terminaron con una conversación con mi hermano en la que me decía que siempre había tenido el deseo de conectar mejor la música con el ministerio de proclamación, educación, servicio, compañerismo y no solo con la adoración.

Esta conversación me hizo entender su preocupación por cómo culturalmente se había separado a la música de estos ministerios y se la había enfrascado solamente en el ministerio de adoración, dejando a un lado otros pilares tan valiosos de la iglesia. Creo que lo que hizo que esta idea prendiera en mi corazón con más intensidad fue imaginarme lo que Dios habría estado esperando de nosotros como músicos.

Si yo, un simple humano, estaba impactado con tal hecho, ¿qué sería del Creador del hombre, la música y la iglesia? ¿Cómo se sentiría su propio creador al ver tales elementos divorciados entre sí?

¿Qué pasa con el ministerio de proclamación? ¿Por qué no hay una unión entre la música y la proclamación del evangelio? ¿Por qué ocurre lo mismo entre el ministerio de educación cristiana, el de servicio y el de compañerismo? ¿Es acaso la adoración como ministerio más importante que algún otro ministerio dentro de la iglesia? O en caso contrario, ¿es la música de tan reducido impacto que tan solo debe ser usada en un solo ministerio de la iglesia?

¿Se les ha dado a los demás ministerios de la iglesia el mismo apoyo, el mismo calor, protección y belleza que ha recibido el ministerio de adoración con la participación activa de los músicos?

Debo decir que ocurre lo mismo en el sentido inverso con el tema de la adoración. Muchos piensan que la única expresión que se consigue con la música es adorar. Peor aún es pensar que adorar a Dios se reduce a la música solamente.

Sé que hay diferencias de estructura organizativa en todas las congregaciones. Sin importar cómo sea la de tu iglesia, deseo que en las páginas siguientes seas desafiado a estar más cerca de la proclamación del evangelio, la enseñanza bíblica, el compañerismo entre hermanos, el servicio al prójimo y la adoración a Dios. Todo, desde la música.

CAPÍTULO 1

LA MÚSICA

> Debo cantar con el espíritu siempre que se entienda la alabanza que estoy ofreciendo, porque si alabas y das gracias a Dios en otro idioma, ¿cómo podrán alabar a Dios contigo los que no entienden tus palabras? ¿Cómo podrán decir "amén" si no saben lo que estás diciendo?
>
> —1 Corintios 14:15-16

El término 'música' es de origen griego y significa "el arte de las musas". En la antigua Grecia la poesía, la danza y la música solían formar un todo más o menos indivisible, ya que se fusionaban en una única expresión cultural. No obstante, paulatinamente, fueron diferenciándose lo que habría de devenir en artes separadas.

La Real Academia Española (en adelante RAE), nos trae en relación a la música:

1. *Melodía, ritmo y armonía, combinados.*
2. *Sucesión de sonidos modulados para recrear el oído.*
3. *Concierto de instrumentos o voces, o de ambas cosas a la vez.*
4. *Arte de combinar los sonidos de la voz humana o*

de los instrumentos, o de unos y otros a la vez, de suerte que produzcan deleite, conmoviendo la sensibilidad, ya sea alegre, ya tristemente.[1]

Existe otra acepción de 'música en el diccionario de la RAE, que no está directamente relacionada con lo que es en sí misma, sino con la sensación que transmite o genera. Para ello se usan dos ejemplos: "la música del viento entre las ramas" y "la música del agua del arroyo". La intención de emplear la palabra 'música' en ambos ejemplos es para representar un "sonido grato al oído". Quise agregar esta visión de este término porque en parte algo que debemos buscar siempre es que la música genere esa sensación grata al oído del oyente: que su corazón y su espíritu pueda sonreír al escuchar la música.

Ahora bien, como dice el refrán: "Cada cabeza es un mundo". Otro refrán reza: "*De gustibus et coloribus non est disputandum*", es decir, sobre gustos y colores no hay nada escrito. Así que toca tener cierto cuidado de qué es para el oyente un sonido grato y qué es un ruido. Hay cierta confusión en pensar que el ruido es un sonido de alto volumen, detestable y sin sentido. Sin embargo, así como la música puede ser un sonido grato para el oyente, el ruido es a su vez un sonido, no necesariamente alto sino desagradable. Para esto utilizo un ejemplo sencillo de distinguir: el gato maúlla y el pollito pía. Para algunos, escuchar a ambos animales puede ser una hermosa

---

1 Diccionario de la Real Academia Española, s.v. "música", disponible en bit.ly/3tvDw1S

expresión de la naturaleza, pero para otros escucharlos al mismo tiempo –incluso a un volumen bajo– se percibirá como ruido. Quiero que prestes atención que, al hablar de música y ruido, no estamos hablando de la sensación ni de la intención del emisor, sino del oyente.

Esta es una verdad muy importante y que me gustaría que tuvieras presente a lo largo de la lectura, y más aún cuando estés ensayando, cuando estés componiendo, cuando siquiera tengas la intención de presentar una canción a la congregación. Lo repito para hacer énfasis. Al hablar de música y ruido (para diferenciarlos) no estamos refiriéndonos a la sensación ni a la intención del emisor, sino ¡del oyente! Tenemos que considerar más al otro y menos al yo (o el ego).

Cuando estás enamorado y quieres componerle una canción a esa chica o chico que te gusta, le escribes expresando tus sentimientos, lo que él o ella es, lo que representa para ti, lo que te hace sentir, y siempre lo haces esperando obtener de la otra parte una reacción positiva, una reacción de agrado. Compones esa canción pensando en la emoción que el otro tendrá al escucharla. Esperas con expectativa de enamorado el saber que recibió música y no ruido. Lo mismo ocurre con la música eclesiástica: no podemos interpretarla sin tomar en consideración quién es el receptor de tales melodías. Ahora es tiempo de preguntarnos: ¿quién es el receptor de nuestras melodías? Hay una metáfora que ilustra bien el punto. Es una simbología o comparación que aprendí en un taller de adoración dictado por el pastor Héctor David Nuñez, y para mí tiene gran sentido. Él hizo una interpretación de una de las ideas del filósofo y teólogo danés Søren Kierkegaard. Imagina un teatro y los elementos que lo componen. En el teatro tendrás actores, que son los que personifican la obra. Existe un libreto, que es un guion que ellos representarán. Hay un escenario y una escenografía para desarrollar y ambientar la obra. Y, finalmente, está lo que para mí es lo más importante: la audiencia. La audiencia es el público al que se le va a presentar la obra. Sin los espectadores, el teatro es nada, ya que ellos son la razón de ser del teatro.

Ahora es tiempo de preguntarnos: ¿quién es el receptor de nuestras melodías?

Comparándolo ahora con la ceremonia eclesiástica (algunos la llaman culto, celebración, etc.) y en comunión con los hermanos, tenemos como actores a la congregación, el director general del culto, los músicos, los cantantes, el apoyo coral, el predicador o predicadora, entre otros. El libreto sería en este caso el programa escrito o la liturgia que sigue la celebración, que al igual que en el teatro, también se ensaya para poder ofrecer lo mejor a los espectadores. El escenario sería el lugar físico establecido para la celebración o culto; podría ser el templo o, así como hay teatro callejero, también podría haber un culto que se celebre en un parque al aire libre. Finalmente, está lo que para mí es lo más importante: el público. Ahí tienes al invitado especial, conocedor de la música, creador de las más hermosas obras universales. La audiencia de uno está representada ni más ni menos que por ¡Dios! Sin este espectador de gala la celebración es nada, porque Él es la razón de ser del culto.

Entendiendo esto y teniendo en mente lo que escribí antes sobre la música y el ruido, reitero que al hablar de música y ruido no nos estamos refiriendo a la sensación ni a la intención del emisor, sino ¡del oyente! Tenemos que considerar entonces la sensación y percepción del receptor en cuanto a lo que emitimos. Por eso es necesario que, al momento de iniciar la preparación de un programa, así como durante el ensayo, tengamos en cuenta lo que la audiencia está por presenciar.

¿Realmente Dios se agradará con lo que estás preparando? Así como en el teatro, en la celebración o culto no hablamos solamente del sentido del oído, sino que incluimos a los cinco sentidos. Por eso tenemos que esforzarnos por lograr una presencia visual y auditiva agradable a Dios, y debemos hacerlo junto con los otros ministerios de la iglesia, para dar una sensación agradable incluso al olfato y al tacto (y, por qué no, al gusto también).

¿Te fijas que no es solo la predicación del pastor, o los acordes de los músicos? Orden, limpieza, un saludo, una sonrisa, acompañamiento, escucha, consejos, iluminación, ambiente, agua... Todos dentro de la congregación influimos en la experiencia eclesiástica propia y del prójimo. Todos creamos un ambiente para que la persona que viene a la iglesia tenga una experiencia espiritual favorable y no se distraiga con nada de alrededor. Tenemos que recordar que formamos parte del cuerpo de Cristo, y los miembros del cuerpo no pueden trabajar separados. Durante el ensayo puedes verificar también otros detalles sensoriales del templo. Ponte de acuerdo primeramente con el equipo de decoración, el de limpieza y con los que estén involucrados en este servicio, para ofrecer juntos como un solo cuerpo una ofrenda agradable a Dios. Te estoy dando más trabajo, lo sé, pero estoy seguro que de quieres ofrecer lo mejor, que no te conformas con lo que estás dando ahora mismo. Quizás suene bien la música hoy, pero quieres que suene mejor la próxima. ¿Y cómo va a sonar mejor? Recuerda: no es lo que emites, sino cómo lo percibe el oyente.

La música es un arte funcional y se considera apropiado cuando cumple los propósitos de Dios para la iglesia.

En este sentido la música viene acoplada a una serie de factores que deben estar encaminados a lo que el programa (o el libreto en el teatro) tiene preparado. ¿Es difícil? Sí. Pero sé que podemos esforzarnos por mejorar. De no ser así, seguramente no estarías leyendo estas líneas. Antes de continuar, recuerda quién es tu público. Todo lo que vas a crear de ahora en adelante hazlo preparando lo mejor para tu audiencia: Dios. Bien lo expresa el apóstol Pablo a los Colosenses: *"Hagan lo que hagan, háganlo bien, como si en vez de estar trabajando para amos terrenales estuvieran trabajando para el Señor (...) pues él es el Señor a quien en realidad sirven ustedes"* (3:23-24b).

Mi objetivo es que dejemos de pensar en la música como un simple sonido de instrumentos y voces, y comencemos a ver la música eclesiástica como un arte funcional, el cual deberá ser juzgado por si cumple o no sus mejores funciones. Es decir, se considera apropiada cuando alcanza los propósitos de Dios para la iglesia: proclamación, educación, servicio, compañerismo y adoración.[2] A lo largo de este material consideraremos en cada punto cómo puede participar la música en cada ministerio y a su vez, cómo cada ministerio se evidencia en la música. Es decir, vamos a evitar ver el hecho de que la música en la proclamación sea nada más una banda tocando en una plataforma en una campaña evangelizadora. También evitaremos ver que la participación de los músicos en la proclamación es, por ejemplo, que dejen sus instrumentos y ellos mismos salgan a evangelizar. Esa no es tarea de los músicos, ¡es un mandato para todo creyente, sea músico, sea pastor, sea diácono, sea líder de algún equipo, sea joven, calvo o melenudo! Quiero hacer eco de las palabras de Hustad para que entendamos este punto con mayor énfasis. La música es un arte funcional, el cual se considera apropiado cuando cumple los propósitos de Dios para la iglesia. Acompáñame a ver cómo desarrollar la música en los cinco ministerios fundamentales de la iglesia. Emprendamos juntos este emocionante viaje de ida.

---

2 Donald Hustad, *¡Regocijaos!: la música cristiana en la adoración*, (El Paso, Texas: Casa Bautista de Publicaciones, 1988). Disponible en PDF en bit.ly/48JaFpp

CAPÍTULO 2

La música en el
MINISTERIO DE
PROCLAMACIÓN

Al entrar al pueblo, te encontrarás a una banda de músicos con guitarras, panderos, flautas y arpas. Detrás de esa banda verás a un grupo de profetas que bajan del santuario y que van dando mensajes de parte de Dios.

—1 Samuel 10:5 (TLA)

Es común pensar que el ministerio de proclamación está dirigido por el pastor o su mano derecha. También es común creer que ese es un tema que le atañe a las hermanas jubiladas que gozan de tiempo libre para evangelizar, o a las viudas o las solteras. Algunas veces limitamos la proclamación a las actividades de los sábados en las que se invita a toda la congregación, pero solo asiste 10 % de la iglesia. Típicamente consideramos actividades como evangelización puerta por puerta, o por contacto personal o campañas masivas en la calle.

'Proclamar' tiene su origen etimológico en el latín, derivado del verbo latino *proclamare*, que se traduce como "decir algo delante de gente" y se encuentra conformado por: el prefijo *pro*, que es sinónimo de "hacia delante" y el verbo *clamare*, que es equivalente a "gritar" o "pedir en voz alta". Entonces, proclamar sería algo como "decir algo a voces".

Revisando qué nos trae la RAE sobre 'proclamar', dice: "Publicar en alta voz algo para que se haga notorio a todos; dar señales inequívocas de un afecto, de una pasión, etc.".[3] Entre otras acepciones, estas dos son las que adoptaré. Comprendemos, entonces, la proclamación en su conceptualización básica como "dar a viva voz y de manera inequívoca un mensaje" que, en nuestro caso, es un mensaje que proviene de Dios.

Me tomé el atrevimiento de incluir la frase "de manera inequívoca", porque si entendemos proclamar como la acción de publicar y dar en voz alta un mensaje, es porque ese mensaje que se está proclamando no es cualquier cosa de la cual dudas. Todavía no conozco de ningún caso en el que alguien se haya parado y gritado a viva voz: "¿Será que estoy enamorado de mi novia?". Probablemente le respondan con burlas, pero sí he sabido de muchos casos donde el novio dice: "Gritaré a los cuatro vientos que te amo". La característica es la convicción que posees de que eso es real, que es cierto, y quieres que otras personas lo escuchen.

Tomemos el ejemplo de Apocalipsis 5:12. Al leerlo solo puedo imaginarme exaltaciones de gozo y grandes cantos de alegría:

> *Cantaban esto a gran voz: «El Cordero que fue sacrificado es digno de recibir el poder, las*

---

3 Disponible en bit.ly/3vVZtYD

riquezas, la sabiduría, la fortaleza, la honra, la gloria y la alabanza».

—Apocalipsis 5:12

¡Qué ejemplo de proclamación! Muchos anhelamos ese momento. En la versión NVI dice: *"Cantaban con todas sus fuerzas"*, y en la TLA leemos la frase: *"Decían con fuerte voz"*. Evidentemente, no es cualquier mensaje. Es imposible decir a fuerte voz, con júbilo, algo de lo cual dudamos o que no es importante, sino que es común y ordinario.

Lo que se escucha hoy en día en muchas iglesias es que la proclamación del evangelio le toca al "ministerio de proclamación", que los adultos mayores son los únicos que evangelizan y los misioneros son los que predican, que para eso se creó una ofrenda de amor pro-fondo al trabajo misionero en Venezuela llamada "Xiomara de Núñez" (en honor a una gran misionera). Cada iglesia da su aporte a este fondo nacional para las misiones y *"ya yo colaboré en la proclamación, ya ofrendé"* se oye decir. Sin embargo, veremos a la luz de la Biblia la participación que ha tenido la música en la proclamación del mensaje de Dios, y cómo los músicos han sido usados para ello. Primeramente, como creyentes en Dios, pero mejor aún, como músicos al servicio de Dios. Uno de los primeros ejemplos lo encontramos al recordar a una de las tribus más reconocidas. Es imposible hablar sobre los músicos eclesiásticos sin mencionar la tribu de Leví. Como vemos en el siguiente pasaje, eran más de cuatro mil hombres:

David era muy anciano cuando nombró a su hijo Salomón como rey de Israel. Convocó a todos los jefes religiosos y políticos de Israel para la ceremonia de coronación. Contaron a todos los levitas que tuvieran más de treinta años de edad, y resultó que había un total de treinta y ocho mil hombres. David, entonces, los distribuyó de la siguiente manera: Veinticuatro mil dirigirían el trabajo de construcción del templo del Señor, seis mil serían oficiales y jueces, cuatro mil servirían de porteros, y los cuatro mil restantes serían los encargados de alabar al Señor con los instrumentos musicales que David había hecho fabricar para tal fin.

—1 Crónicas 23:1-5

Sus tiendas eran las más cercanas al santuario, no por prepotencia, orgullo ni ganancia, sino porque eran los principales servidores, los sacerdotes que cargaban con las iniquidades del pueblo. Además, apreciamos una característica importante que nos compete: eran los músicos principales.

En cuanto a los de la tribu de Leví, familiares de ustedes, recibirán pago por el servicio prestado mediante los diezmos de toda la tierra de Israel. De ahora en adelante no podrán entrar en el santuario los israelitas que no sean sacerdotes o levitas. Los que lo hagan serán castigados y morirán. Solamente

> *los levitas harán trabajos allí; y si no lo hacen*
> *serán considerados culpables y ellos serán*
> *responsables de las faltas que cometan. Es*
> *ley permanente que los levitas no tengan*
> *propiedad en Israel.*

–*Números 18:21-23*

En este pasaje observamos la función que tenían los levitas de servir en el ministerio del tabernáculo de reunión. Eran los intermediarios dignos que cargaban con las iniquidades del pueblo. De igual manera, eran quienes proclamaban el mensaje dado por Dios. Tenían la responsabilidad de llevar toda ofensa cometida contra el tabernáculo, razón por la cual, si cualquier otro israelita se acercaba al tabernáculo, recibiría la muerte. Ya vemos que la música no era solamente lo que los distinguía de las otras tribus.

Como músico, director de músicos, director de alabanzas o miembro de una congregación, ¿te sientes completo participando solamente como instrumentista? ¿Participas además en otras áreas de la iglesia? ¿Te has preparado, has buscado preparación para brindar consejería espiritual? ¿Te pones a cuentas con Dios? Si dejaras de tocar ese instrumento, ¿seguirías sintiéndote útil en la casa de Dios? Puedes detenerte y pensar en cada pregunta por separado. Te recomiendo orar antes de responderlas, para pedirle a Dios dirección y dar(te) una respuesta honesta. Asimismo, te aconsejo que ores después de responder, y que le pidas a Dios que te permita serle útil, serle fiel y buscarlo con un corazón dispuesto. Buscarlo a Él y no a una actividad o una canción. A Él únicamente; lo demás será un adicional que te permitirá cumplir su voluntad. Observemos otros pasajes.

David y los oficiales del santuario apartaron a Asaf, Hemán y Jedutún para que se encargaran de la música. Estos profetizaban acompañándose de arpas, liras y címbalos. La siguiente es la lista de todos los que fueron apartados para este servicio: Bajo la dirección de Asaf, profeta privado del rey, estaban sus hijos Zacur, José, Netanías y Asarela.

Bajo Jedutún, que guiaba en la acción de gracias y alabanza al Señor (mientras eran acompañados por el arpa), estaban sus seis hijos: Guedalías, Zeri, Isaías, Jasabías, Matatías y Simí. Bajo la dirección de Hemán, profeta al servicio del rey, estaban sus hijos: Buquías, Matanías, Uziel, Sebuel, Jeremot, Jananías, Jananí, Eliatá, Guidalti, Romanti Ezer, Josbecasa, Malotí, Hotir y Mahaziot (Porque Dios lo había bendecido con catorce hijos y tres hijas, cumpliendo así su promesa de que haría de él un hombre muy poderoso). El ministerio de la música a cargo de ellos incluía el tocar los címbalos, arpas y liras, todo bajo la dirección de su padre, mientras desempeñaban su ministerio en el santuario. Asaf, Jedutún y Hemán rendían informe directamente al rey. Ellos y sus familiares estaban adiestrados para cantar alabanzas al Señor. Eran doscientos ochenta y ocho en total, siendo cada uno de ellos maestro de música.

—*1 Crónicas 25:1-7*

En estos versículos vemos cómo David escogió a tres familias para profetizar, acompañándose de instrumentos musicales. Vemos cómo Asaf dirigía a sus hijos en la música y profetizaba a las órdenes del rey. También está Jedutún dirigiendo a sus hijos, y observamos que al son del arpa profetizaba alabanzas y gratitud a Dios. Finalmente, tenemos a Hemán, quien dirigía a sus hijos e hijas cuando cantaban en el templo acompañados de los instrumentos al servicio de Dios.

Podemos llevar un mensaje claro, veraz e incuestionable de lo que es la Palabra de Dios por medio de la música.

Podemos notar que estas familias profetizaban al servicio de Dios por medio de la música.

Podemos ver las profecías como aquellos momentos en los que determinadas personas escogidas por Dios proclamaban su mensaje, alzaban una voz viva e inequívoca trayendo el mensaje que Dios tenía para el pueblo. Deseo que, al leer que el pueblo profetizaba haciendo uso de la música, veamos y sintamos podemos llevar un mensaje claro, veraz e incuestionable de lo que es la Palabra de Dios por medio de la música.

Al leer que esos músicos profetizaban a través de las canciones, podemos visualizarnos a nosotros mismos haciéndolo. Por eso, intento que no pienses que como músico debes soltar tu instrumento e ir a predicar. Tampoco estoy diciendo que la congregación debe pedirles a los músicos que dejen sus instrumentos y apoyen al ministerio de proclamación. Repito: hacer discípulos es una labor propia de todo creyente.

Veamos ahora cómo los levitas predicaban por medio de la música, no haciéndola a un lado.

El versículo 7 de 1 Crónicas 25 nos indica que el número de músicos expertos, incluyendo a los cantantes instruidos para Dios: eran exactamente 288. En este pasaje vimos primero cómo distribuían a los levitas para que profetizaran por medio de los instrumentos (con arpas, instrumentos de cuerdas y percusión), y también se nos dice que los doscientos ochenta y ocho eran aptos tanto para el canto como para tocar los instrumentos. ¡Esos levitas no eran cualquier clase de músico, eran personas que se prepararon y dedicaron para el servicio a Dios por medio de la música!

Tres maneras de usar la música en la proclamación

Existen tres formas en las cuales se usaba la música para proclamar el mensaje de Dios. Algunos comentaristas dicen que el mensaje profético se expresaba únicamente de manera instrumental; otros, que eran sonidos de fondo o una especie de cortina musical que generaba la atmósfera adecuada mientras se profetizaba, y otros que lo hacían por medio de canciones, con letra. Ellos ejecutaban su profecía por medio de sus instrumentos, no dejándolos a un lado. Veamos cada uno de esos tres métodos a través de los cuales se expresaba el mensaje profético en ese momento, y que en la actualidad tú también puedes transmitir el mensaje inequívoco de Dios.

En relación al **sonido instrumental** (sin letra), el primer caso, no debemos menospreciar su valor al pensar que no transmite un mensaje hablado, ya que este podría llevarte a un nivel de conciencia y meditación que no obtienes con la misma facilidad de alguna otra forma.

Con instrumentos y sonidos bien colocados podemos colaborar en la comunicación de las personas con Dios y lograr, por ejemplo, que alguien revise en lo más interno de su ser algo que sin saber le molestaba y se ponga a cuentas con Dios. Hemos visto muchos ojos llorosos a causa de una bella armonía (prescindiendo de la letra).

Hay que estar muy pendiente, ser vigilante y cuidadoso como músico dado que lo mismo puede darse de manera inversa. Tal y como he visto en muchas iglesias, solo el sonido puede hacerte distraer de lo que es el mensaje principal. A veces las personas están orando, en medio de un momento de meditación y entrega personal e individual con Dios, y los músicos están tocando de fondo. Una persona estás recordando cómo Dios la ha guiado durante la semana, cómo ha visto su mano guiándola, acompañándola. Un joven recuerda cuando estaba en la universidad y Dios le dio palabras para hablar enfrente del salón y salir victorioso, cómo lo cuidó en su andar, cómo lo bendijo con alimento cuando pensó que ibas a pasar el día sin sustento, y de repente... un sonido mal calado de parte del teclado rompe la comunicación que se había establecido durante la oración. Tenemos que estar atentos a que eso puede suceder.

Este efecto instrumental se obtiene también en el segundo de los casos que te mencioné anteriormente (**música mientras otro habla**), en el cual con la música podemos lograr un ambiente armónico entre el oyente y el músico que está proclamando el mensaje de Dios.

En 2 Reyes 3:15 se relata que Eliseo quería profetizar y pidió que le trajeran un músico. La Palabra dice así: *"Trae a alguien que pueda tocar el arpa. Y mientras el músico tocaba el arpa, le llegó el mensaje del Señor a Eliseo"*.

En ese momento el rey Josafat de Judá, Joram de Israel, y el rey de Edom se habían alistado para entrar en batalla contra Mesá, rey de Moab, quien se había rebelado contra Israel. Luego de siete días de camino, los ejércitos de Judá, Israel y Edom se quedaron sin agua para ellos ni para sus animales. Josafat mandó a buscar a un profeta para que le indicara lo que Dios tenía planeado para ellos, pues dudaban que obtendrían la victoria. Entonces le trajeron a Eliseo, reconocido entre ellos por servir al profeta Elías. El profeta pidió que le trajeran a un músico, y cuando este empezó a tocar, él comenzó a soltar la Palabra de Dios. Les dijo lo que tenían que hacer y cómo conseguirían la victoria.

Es sorprendente ver cómo la Biblia muestra que fue recién cuando el músico empezó a tocar que la mano de Jehová vino sobre Eliseo. Si estás leyendo este libro y eres un músico, tengo un mensaje para ti: no menosprecies el valor de tu talento, de tu don, de tu instrumento, ¡ni de la música!

Eliseo entendía el valor de la música para llevar el mensaje de Dios, y debemos atribuirle ese mismo valor en nuestros días. Con la música podemos preparar o entorpecer el camino para que los oídos y los corazones puedan apropiarse de lo que está por recibir. Depende de nosotros y de la actitud de nuestro corazón que seamos un canal abierto o un estorbo para la obra de Dios.

No hace falta que te luzcas para que Dios sepa que eres bueno.

En la actualidad la programación neurolingüística (PNL) nos ayuda a entender la armonía que debe existir entre lo que se dice y el cómo se dice, porque se ha descubierto que tiene mayor relevancia la forma en que decimos las cosas por encima del contenido de lo que decimos. Basado en esto, los instrumentos musicales también pueden crear y guiar un cómo, en el mensaje verbal que está transmitiendo quien está hablando o predicando.

Es decir que, si alguien está predicando y hay instrumentos que no están sonando acorde al mensaje que se está dando, mejor haga silencio, porque está siendo de obstáculo. En este tipo de proclamación los instrumentos deben acompañar el mensaje que está siendo proclamado. Esto se logra estando en comunión, primeramente, con Dios y luego con sus servidores que están ministrando.

Permíteme retomar el énfasis en este punto sobre quién es la audiencia. Quiero tocar este punto nuevamente porque muchas veces aquellos sonidos en los instrumentos que originan la desconexión espiritual surgen cuando el músico le da mayor importancia a su ego, por sobre las palabras del predicador. Tristemente, la mayoría de las veces que un sonido interrumpe la oración, la meditación o el mensaje de Dios, ocurre a causa de un músico que quería lucir su talento y hacerse notar. ¿Sabes qué sucede por lo general en estos casos? ¡Se hace notar... pero de la peor manera! La audiencia es Dios. El instrumento que estás tocando y el talento que estás demostrando van dirigidos a Dios. ¿Sabes qué es lo bueno de tener a Dios como audiencia? Que no hace falta lucirse para que Él sepa que eres bueno.

Nada hay tan engañoso ni tan absolutamente perverso como el corazón. Nadie es capaz de conocer a fondo su maldad. Solo el Señor lo conoce, porque él examina con cuidado todos los corazones y examina los más ocultos móviles de las personas para poder dar a cada cual su recompensa según sus hechos, según como haya vivido.

—Jeremías 17:9-10

Dios conoce tu talento, no hace falta buscar lucirse y hacerse notar durante una predicación o un mensaje o una oración pública. Hace falta ser honesto, porque Dios conoce y prueba tu corazón. Aclaro que no me refiero a ser mediocres en nuestro desempeño con la excusa de que Dios conoce las intenciones del corazón, y nuestra intención era buena. La invitación es a practicar, ensayar, ser buenos y buscar ser los mejores en todo (no solo en ejecutar el instrumento). Que nunca creamos haberlo logrado, sino que intentemos siempre superar y desarrollar nuestros talentos y dones. Que le demos la gloria a Dios por cada avance que obtengamos durante las prácticas, y que sea Dios quien nos use, y no intentar nosotros usar a Dios como excusa para lucirnos ante un público humano.

Si hablamos de las **profecías por medio de canciones**, el tercer caso que mencionamos, es uno de los temas que más nos debería importar, dado que estamos hablando de cantar una canción cuya letra está destinada a proclamar el mensaje de Dios directamente a personas que no lo conocen, o también a quienes ya lo conocen bien.

Estamos familiarizados con las canciones de alabanza y adoración a Dios en las cuales exaltamos su gloria y majestad. Hemos escuchado a mucha gente religiosa renegar de ciertos temas musicales porque no van dirigidas a Dios. Sin embargo, debemos pensar en usar la música, así como la usaban los levitas para sus profecías, con el fin de dar un mensaje directo a las personas. Una música con una letra, cuyo propósito sea proclamar el mensaje de Dios a las personas. Recuerda que Dios es nuestra audiencia y debemos prepararnos, ensayar y practicar pensando que nuestra audiencia es el propio Señor y Creador del mundo, la humanidad y la música.

Cada vez que te prepares y tu servicio lo hagas por tu prójimo, entonces se lo habrás hecho a Dios. Basándonos en lo que dice Mateo 25:40, (*"todo lo que hicieron a mis hermanos necesitados a mí me lo hicieron"*), te animo a que cuando prepares una canción o un programa dirigido a tu prójimo, para que conozca las buenas nuevas de salvación, te hagas la idea que ese prójimo representa a Dios mismo. Hazlo de la mejor manera y con la mejor intención. Dios seguirá siendo la audiencia final. El mensaje es para ese prójimo que estás invitando a acercarse a Jesús, pero es Dios quien seguirá siendo siempre la audiencia final. Él es quien sonreirá y se gozará al saber que preparaste el mejor banquete musical para que las personas puedan escuchar de la manera más armoniosa que Jesús murió por ellas.

Dedícate primeramente tú mismo a Dios y ponte en sus manos para que puedas escribir y componer una canción con un mensaje dirigido a cualquier persona que no lo conozca, y que al escucharla se pueda sentir motivada y movida a buscarlo a Él. Los que vemos en el Antiguo Testamento que profetizaban con música no eran cualquier clase de personas. Siempre se observa que eran profetas dedicados, preparados y capacitados en la música y servicio a Dios.

En 1 Samuel 10:5 vemos una vez más el valor de la música en la proclamación. Samuel le da una palabra de Jehová a Saúl y le anticipa ciertos acontecimientos que ocurrirán de inmediato, entre ellos describe a los profetas con instrumentos de cuerda, viento y percusión profetizando.

> *Después de eso llevarás a Guibeá Elohim (Monte de Dios), donde está la guarnición de los filisteos. Allí encontrarás a un grupo de profetas que descienden de la colina tocando el salterio, el pandero, la flauta y el arpa, y que profetizan mientras caminan.*

Para mí, el uso de la música y el canto en la proclamación es de gran importancia, ya que la letra misma de la canción es la que lleva la carga del mensaje hablado. Al componer una canción con una letra que proclame el mensaje de Dios debes tener en consideración que el ritmo debe ir de la mano con lo que la letra quiere transmitir. Al preparar una campaña de evangelización selecciona bien las canciones, y busca que las letras sirvan para llevar el mensaje de salvación, y no son tan solo ritmos movidos y llamativos para la comunidad. Deben ser canciones con letra y mensaje veraz e inequívoco.

Así que prepárate con calidad y con tiempo, porque Dios mismo será tu audiencia. Estarás proclamando su Palabra, dando en alta voz un mensaje claro que Él quiere que le transmitas a tu prójimo.

En Deuteronomio 32 observamos una canción presentada por Moisés, en obediencia a Jehová, dirigida al pueblo de Israel. La canción no tenía como fin gritar "aleluyas" a Dios, ni era una balada romántica repleta de "gloria a Dios", sino que estaba dirigida especialmente a los israelitas, con la intención de que recordaran su vida en Egipto y todo lo acontecido hasta el momento en su viaje camino a la tierra prometida. La letra, la canción entera, estaba dedicada al pueblo directamente.

La forma en que Dios usa la música en este episodio bíblico con Moisés, lo veremos mejor en el siguiente título, en el cual hablaremos sobre la participación de la música en el ministerio de la educación y la enseñanza.

CAPÍTULO 3

La música en el
**MINISTERIO
DE EDUCACIÓN**

Mantengan vívidas en su memoria las enseñanzas de Cristo en toda su abundancia, y enséñense y aconséjense unos a otros con toda sabiduría. Transmítanlas a otros, con salmos, himnos y cánticos espirituales elevados al Señor con corazones agradecidos.

–Colosenses 3:16

Espero que no estés pensando que este título se refiere a llevar una guitarra a las clases de la escuela bíblica dominical. De ser así, te estás alejando de la realidad.

Quizás hayas escuchado en algún momento de tu vida que la música es una de las mejores herramientas para aprender y memorizar algo. De hecho, quizás hasta tú mismo hayas hecho uso de la música para aprender la tabla de multiplicar, o algún otro idioma, o algunas normas sencillas.

Por ejemplo:

Pollito, chicken **gallina, hen** **lápiz, pencil** **y pluma, pen**	**Ventana, window** **puerta, door** **techo, ceiling** **y piso, floor** [4]

Hay otro ejemplo de un canto que sirvió para enseñarnos algo que hacemos todos los días, varias veces al día:

> *Los dientes de arriba se cepillan hacia abajo*
> *Los dientes de abajo se cepillan hacia arriba*
> *Y las muelitas debes cepillar con un*
> *movimiento circular.*[5]

¡Qué recuerdos! Quizás al ver estas letras recordaste cuando eras niño y cantabas esas canciones. Seguramente si las conocías las leíste cantando. Ahora sabes cepillarte sin necesidad de cantar, ni recordar con mucho esfuerzo cómo hacerlo. Es más, te aseguro que si alguien te pregunta cómo te cepillas, le responderás en prosa y de manera firme: "Los dientes de arriba, hacia abajo. Los de abajo hacia arriba; y las muelas en forma circular".

La efectividad de las canciones como una herramienta de aprendizaje es tan sorprendente, que muchos hablan de mensajes ocultos dentro de canciones de músicos famosos, y lo hacen porque le tienen pavor a ese poder. Pero esto es harina de otro costal (vale decir, es otro tema).

---

4 Disponible como referencia en: bit.ly/46YJxSf

5 Disponible como referencia en: bit.ly/41mltYm

3 | LA MÚSICA EN EL MINISTERIO DE EDUCACIÓN

Al final del capítulo anterior te dejé con un pasaje bíblico de Deuteronomio 32. Antes de leerlo nuevamente, es necesario que nos vayamos al capítulo anterior, a los versículos 19-20.

Escribe, pues, las palabras de este cántico y enséñaselo al pueblo de Israel como advertencia mía. Cuando yo los haya introducido en la tierra que prometí a sus antepasados, tierra que fluye leche y miel, y cuando ellos se hayan saciado y engordado, y comiencen a adorar a otros dioses y me desprecien y quebranten mi pacto.

—Deuteronomio 31:19-20

Sin mayor explicación podemos observar la orden que Jehová Dios les da a Moisés y a Josué. Pero antes, revisemos el contexto en que se presenta.

Moisés ya tiene 120 años, y en su vejez llama al pueblo de Israel y les dice que ya está próximo a morir. Les cuenta que habló con el Señor y le fue dicho que no pasaría el Jordán hacia la tierra prometida, sino que lo haría Josué, de modo que este sería su sucesor.

Solo puedo imaginarme este momento como una escena apoteósica y magistral. El gran profeta Moisés dando un discurso en el cual anticipaba su despedida física. ¿Qué tan grande fue Moisés? El capítulo 34 verso 10 dice que "jamás hubo otro profeta como Moisés...". Sin duda ese fue un momento emotivo tanto para Moisés como para el pueblo, y hasta para el mismo Josué.

El flamante sucesor debió sentir escalofríos al escuchar esas palabras e imaginar lo que venía por delante. Ver a Moisés, su gran maestro, en sus últimos días, era un honor que no creía merecer y que le confería un gran sentido de responsabilidad. Deuteronomio 34:7 dice que "su vista era perfecta, y era tan fuerte como un hombre joven", con lo cual podemos imaginarnos a un Moisés anciano pero lleno de vigor, y a un Josué nervioso, pero con un mensaje claro de parte de Dios de que no debía temer. El verso 9 afirma: *"Josué (hijo de Nun) estaba lleno del espíritu de sabiduría porque Moisés había impuesto sus manos sobre él"*.

¡Debió ser magno ese momento! Ver a Moisés llamando a Josué frente al pueblo y diciéndoles que su día de partir con el Señor estaba cerca, que no llegaría a cruzar el Jordán, pero que no debían temer, pues Jehová les entregará a sus enemigos y podrán llegar a la tierra prometida, debe haber sido épico.

Ahí frente a todo su pueblo, Moisés llamó a Josué y le dijo:

> *Esfuérzate y ten valor, porque tú guiarás a este pueblo a la tierra que el Señor prometió a sus antepasados, y estarás a cargo de dirigir la conquista.*
> *No tengas miedo porque el Señor irá delante de ti y estará contigo. Él no te desamparará. No temas ni te desanimes.*
>
> —Deuteronomio 31:7-8

¡Qué palabras! ¡Qué momento!

Luego Jehová le habla a Moisés y le dice que vaya con Josué al tabernáculo. Le revela al anciano que pronto iría a dormir con sus padres y que el pueblo regresaría a sus malos caminos, por lo que era necesario que escribieran un canto y se lo enseñaran al pueblo de Israel. Moisés hizo lo que Dios le dijo: lo escribió y se lo enseñó al pueblo.

Es impresionante el amor y el servicio que demostró Moisés hasta sus últimos días. Parafraseando el texto, les dice algo así como: "ustedes son unos rebeldes que no han aprendido nada durante estos cuarenta años. ¿Cómo es posible que estando yo aquí con ustedes se pongan en contra de Dios? No quisiera imaginarme qué harán cuando yo me vaya".

Luego, en Deuteronomio 31:24-27 Moisés les ordena a los levitas guardar el libro de la ley (que era el libro donde escribía Moisés todos los mandatos de Jehová). Esta ocasión de guardar el libro, y además colocarlo al lado del arca o cofre del pacto, muestra el valor que tenía su letra y la necesidad que había de ser constantes en la enseñanza de este canto, y más aún, de lo que el canto le enseñaba al pueblo de Israel.

Me gustaría que leyéramos juntos *algunos segmentos* del capítulo 32, el cántico compuesto por Dios, volcado en palabras por Moisés y dirigido a su pueblo como método de enseñanza:

»¿Así tratas al Señor, oh pueblo insensato y necio?

¿No es Dios tu Padre?

¿No es él tu creador?

¿No es él quien te formó y te dio fortaleza?

Recuerda los días del pasado.

Pregúntale a tu padre y al anciano; ellos te contarán.

Cuando Dios dividió el mundo entre las naciones, según el número de los hijos de Israel.

Pero no designó uno para Israel:

Porque Israel era la posesión especial de Dios.

»Cuando el Señor solo los conducía, y ellos vivían sin dioses ajenos,

Dios les entregó fértiles colinas, y campos fértiles y productivos, les dio miel de la peña, y aceite de oliva de los pedregales.

Les dio leche y carne; carneros de Basán y cabritos, lo mejor del trigo, y el vino por bebida.

»Pronto Israel estuvo saciado, engordó y dio coces; entonces, en la abundancia se olvidaron de su Dios y despreciaron a la Roca de su salvación.

Israel comenzó a seguir a dioses ajenos, y el Señor se airó; sintió celos por su pueblo.

Sacrificaron a dioses paganos, a nuevos dioses que nunca antes habían adorado.

Se olvidaron de la Roca que los había hecho, olvidando que era Dios quien les había dado el ser.

»Dios vio lo que estaban haciendo, y los

aborreció. Sus hijos e hijas lo insultaban.

Dijo: "Los abandonaré; veré entonces qué les ocurrirá, porque son una generación perversa e incrédula.

Porque mi ira se ha encendido como un fuego que quema los abismos profundos, consume la tierra y todos sus productos, y enciende las montañas con fuego.

Había decidido esparcirlos por tierras lejanas, para que la memoria de ellos desapareciera.

Pero luego pensé: Mis enemigos se jactarán diciendo:

'Israel ha sido destruida por nuestro poder. No fue el Señor quien lo hizo sino nosotros'".

»Israel es una nación insensata, necia, que no tiene entendimiento.

¡Oh, si tuvieran sabiduría!

¡Oh, si tuvieran entendimiento!

¡Oh, si supieran el fin que les espera!

¿Cómo podría un solo enemigo perseguir a mil, y dos poner en fuga a diez mil; a menos que la Roca los haya abandonado, a menos que el Señor los haya destruido?

Pero la roca de otras naciones no es como nuestra Roca.

Aun sus enemigos lo reconocen.

Mía es la venganza y la retribución, porque a su tiempo su pie resbalará.

El día de la condenación de sus enemigos está cerca; es segura e inminente.

»Porque el Señor verá que su pueblo tenga

justicia y tendrá compasión de ellos cuando se desvíen.

Verá cuando su fuerza se agote, tanto en el esclavo como en el libre, y dirá: "¿Dónde están sus dioses, las rocas que decían les sirvieron de refugio?

¿Dónde están sus dioses ahora, a quienes ellos sacrificaron su gordura y su vino?

Que se levanten esos dioses y los ayuden.

»"¿No ven que solo yo soy Dios?

Yo hago morir y hago vivir.

Yo hago la herida y yo la sano: nadie se escapa de mi poder.

»Alaben a su pueblo, naciones gentiles, porque él vengará a los suyos; tomará venganza contra sus enemigos y purificará su tierra y su pueblo».

Cuando Moisés y Josué terminaron de recitar este cántico delante del pueblo,

Moisés hizo estos comentarios: «Mediten sobre las leyes que les he dado en este día, y háganlas conocer a sus hijos.

Estas leyes no son solo palabras, son tu vida.

Si las obedecen podrán vivir una vida larga y próspera en la tierra que entrarán a poseer al otro lado del Jordán».

—Deuteronomio 32:6-9, 12-22, 26-31, 35-39, 43-47

Te invito a leer después el capítulo completo y a que puedas hacer en algún momento un canto semejante para ti mismo. Vamos a repasarlo para entender primero cuál era la intención de este cántico y luego cómo o por qué componer uno igual para ti.

En los últimos versículos (vv. 46-47) Moisés insta a continuar enseñando la canción a los hijos y a tomarla muy en serio y con cuidado, dado que de eso dependería su vida y su estadía en la tierra prometida.

Este canto no era un típico coro de alabanza a Dios, sino uno que transmitía una enseñanza en sí misma, y que el pueblo entendiera bien la letra de la canción traería un efecto perenne, como ya vimos anteriormente.

Moisés insta a continuar enseñando una canción a los hijos y a tomarla muy en serio y con cuidado, dado que de eso dependería su vida y su estadía en la tierra prometida.

Su contenido describía todos los hechos acontecidos, sufridos y bendecidos por el pueblo de Israel. Describe cómo fue su salida de la esclavitud de Egipto, cómo Dios los libertó, los sanó, les proveyó alimento y sustento, cómo el pueblo una y otra vez se olvidaba de Dios, y Él los volvía a perdonar y a guiar.

Me puedo imaginar a los niños aprendiendo ese canto y diciendo: "*Papá: ¿Es real lo que dice esa canción?*", a lo que seguramente el padre respondería: "*Sí hijo, es real. Fuimos esclavos y Dios nos libertó, pecamos y Dios nos perdonó, nos perdimos y Dios nos rescató. No te alejes de su voluntad, confía siempre en Él, y Él te sostendrá como lo hizo conmigo y con tu abuelo*".

No es cualquier canto, no es una fábula, ni un juego.

La idea de Jehová Dios para con Moisés y el pueblo de Israel no fue tan solo enseñarles una canción como un mero hecho lúdico, sino que aprendieran y memorizaran las letras que les enseñen a las generaciones futuras lo vivido. Es por eso que Moisés, les dice algo como: "Aprendan esta canción y transmítanla a sus hijos y nietos, porque de esta manera ellos sabrán cómo salieron de la esclavitud, y qué les ocurría cuando se alejaban de la voluntad de Dios. Sus hijos sabrán así lo que les acontecerá si se apartan de la voluntad de Dios. Peor aún, cuando les llegue el mal, esta canción les servirá como testigo de porqué cayeron en tal oscuridad. No habrá chance de decir: 'Jehová nos ha abandonado', porque entonces recordarán aquella canción que aprendieron y que sirve como testigo de su desobediencia".

En Deuteronomio 33:10 Moisés se despide de cada tribu y le ordena específicamente a la tribu de Leví (los sacerdotes músicos) a continuar enseñando los mandatos. ¿Cómo lo harían? Estoy seguro de que la música era uno de los medios que utilizarían para transmitir e instruir en la ley de Jehová Dios. Recordemos que esas primeras generaciones enseñaban y transmitían la ley de manera verbal, de generación en generación. Quizás ellos fueron quienes descubrieron que la música es uno de los métodos más efectivos para aprender.

Estamos seguros de que la música es un buen medio para proclamar y enseñar por medio de ella lo que Dios tiene para sus hijos. Por lo tanto, la música es un canal o conducto poderoso para ambas actividades.

Un ejemplo puede ser el conocido himno "Cristo me ama", generalmente enseñado a los niños, pero que contiene una verdad profunda y teológica. Sus letras les enseñan que Cristo los ama, les quitará toda culpa y les dará entrada al cielo. Repasémoslo:

Cristo me ama bien lo sé,
Su Palabra me hace ver,
Que los niños son de aquel,
Quien es nuestro amigo fiel.
Cristo me ama, Cristo me ama,
Cristo me ama, la Biblia dice así.
Cristo me ama, pues murió,
Y el cielo me abrió;
Él mis culpas quitará,
Y la entrada me dará.
Cristo me ama, es verdad,
Y me cuida en su bondad;
Cuando muera, bien lo sé:
Viviré allá con Él.

Este un himno con una melodía sencilla, pero cargado de un mensaje tan claro, contundente y comprensible que todo niño debería aprendérselo y enseñárselo a otros.

Otro ejemplo de lo que venimos diciendo son la doxología de Judas y el Salmo 100. ¿Cuántos salmos ya no se cantan en la actualidad? La música sirve para aprender pasajes bíblicos y además enseñanzas vigorizantes para el que confía en Dios. Tenemos por ejemplo el Salmo 16, Salmo 18, Salmo 23, Salmo 25, Salmo 34, Salmo 42, Salmo 46, Salmo 47, Salmo 63, Salmo 66, Salmo 91, Salmo 92, Salmo 100, Salmo 121, Salmo 125, Salmo 133, Salmo 145, entre otros. Solo te mencioné algunos salmos que he escuchado cantar en algunas iglesias. Estoy seguro de que hay otros que actualmente se entonan.

> **Tenemos la responsabilidad de cantar canciones con contenido teológico que tengan el mismo poder que impartieron al pueblo de Israel.**

Sé que quizás pienses: *"Pero es obvio, ¡son salmos! ¡Son canciones! Para eso fueron escritas"*. Pero ¿acaso no hemos disminuido en tanto el valor de tales salmos? Te propongo –y me propongo– rescatarlos, retomar su valor, para luego enseñarlos, compartirlos y cantarlos juntos.

No solo hay que reconocer que la música es un potente medio didáctico, sino que además tenemos la responsabilidad de cantar canciones con contenido teológico que contengan el mismo poder que le impartieron al pueblo de Israel. Los himnos pueden ser un poderoso testigo para nosotros.

El apóstol Pablo en la carta a los Colosenses manifiesta: *"(...) enseñándoos y exhortándoos unos a otros en toda sabiduría, cantando con gracia en vuestros corazones al Señor con salmos e himnos y cánticos espirituales"*. Esto no se logra con cualquier canción; debemos tener el poder del Espíritu Santo obrando a través de nosotros y de la música. Las primeras iglesias cantaron acerca de Dios y de la obra de Cristo, expresando su nueva fe, y al mismo tiempo se las enseñaban a los recién convertidos.

Enseñar no es solo mostrar

Dinorah Méndez, profesora de historia y teología en el Seminario Teológico Bautista Mexicano, y vicepresidente de la comisión sobre adoración y espiritualidad de la Alianza Bautista Mundial en el quinquenio 2000-2005, refuerza el poder de la música en el proceso de aprendizaje. "El efecto mnemotécnico del canto permite que las personas vayan interiorizando conceptos aun de manera inconsciente o subconsciente. Se puede afirmar que cantamos ciertos cantos porque creemos lo que expresan, es decir que, si se selecciona adecuadamente, el canto cristiano expresa la identidad teológica de quienes lo emiten", afirma.[6]

---

6 Dinorah Méndez, "Las influencias culturales en la teología y los estilos de la adoración" (México, 2000). Disponible en: bit.ly/3RmOuOU

Debemos reconocer la importancia de seleccionar cuidadosamente el canto que se utiliza en la adoración colectiva. En este mismo congreso, Méndez cita a Nichols para alertar del cuidado que debemos tener en las letras de los cantos durante la adoración colectiva: "Se puede afirmar que creemos ciertos conceptos porque los cantamos, es decir que el canto nos enseña y nos influye (...). Es posible que ideas doctrinales ajenas y equivocadas se introduzcan en nuestras congregaciones, posiblemente con la apariencia de verdades, pero que a veces se distorsionan o se mezclan con error, y es peligroso exponer a la congregación a la influencia de música que contenga conceptos teológicos cuestionables".[7]

El canto mantiene a las congregaciones ligadas con su herencia cristiana, refuerza su identidad y guía su entendimiento de cómo deben vivir sus vidas en este mundo.

Por ello, la selección de las canciones a presentar congregacionalmente es una de las decisiones teológicas más importantes que una iglesia debe tomar. Debe hacerse en espíritu y en verdad, con consciencia de que no la estamos escogiendo por lo que nos hace sentir cuando

---

7 Kathryn L. Nichols, "Music and Musician in the Service of the Church" en *Music and the Arts in Christian Worship* (Nashville: Star Song Publishing Group, 1994).

la escuchamos en la radio, sino que intencionalmente la letra tiene una verdad teológica relevante para que la congregación y los visitantes la aprendan. Me dirás exagerado, pero quiero compartirte unos hechos sencillos que nos presenta Méndez:

> *Primero, considere el número de personas en una congregación que tienen acceso a libros de teología y los leen; luego compárelo con el número de creyentes que cantan en la iglesia cada domingo.*
>
> *Cada semana, la iglesia está proveyendo a sus miembros el vocabulario básico de su fe. Además, la música cantada da forma a la fe cristiana en el corazón de los creyentes, proveyendo imágenes que dan significado y orden a la vida de las personas.*

El canto mantiene a las congregaciones ligadas con su herencia cristiana, refuerza su identidad y guía su entendimiento de cómo deben vivir sus vidas en este mundo. El canto tiene estas funciones y las puede cumplir con poder por su característica de unir la música con las palabras y así llegar con fuerza y mayor profundidad al corazón de las personas. Por lo tanto, al elegir las canciones, se estará decidiendo cómo la fe, la teología y los valores de la iglesia serán celebrados y transmitidos a otros en la adoración comunitaria. Esa decisión debe basarse en algo más que simples preferencias personales; debe ser un acto de discipulado y la norma guiadora debe ser la adoración a Dios.[8]

Otro aspecto que quiero compartir contigo al momento de enseñar un canto, es que no me estoy refiriendo solo a "mostrarlo". Muchas veces se cae en el error de pararse en la plataforma y decir que se le va a enseñar un canto a la congregación. Lo que ocurre es que el director o cantante simplemente lo canta una vez y ya. Hace un solo, un concierto. Enseñar demanda que el receptor aprenda. Enseñar un canto requiere que nosotros no descansemos hasta que la otra persona aprenda tanto el contenido como el significado del canto. Imagina a Moisés enseñando ese extenso canto, presentándolo a Israel una sola vez; al minuto ya se les habría olvidado de qué trataba.

Moisés ordenó que la letra se escribiera en el libro de la ley y que continuara su enseñanza, no solo para esa generación sino a las venideras, y nosotros debemos hacer lo mismo. Si queremos enseñar un canto nuevo, si de verdad nos interesa que lo aprendan, demos lo mejor de nosotros para lograr que así sea cumplido. Vamos a escribirlo, a compartirlo, si es posible enviar archivos de audio, cantarlo varias veces. Hagámoslo con tal amor que hasta nos ocupemos en investigar el trasfondo histórico de las canciones.

---

8 Carol Doran y Thomas Troeger, *How to Select a Hymnal* (Nashville: Star Song Publishing Group, 1994), citado en Dinorah Méndez, "Las influencias culturales en la teología y los estilos de la adoración" (México, 2000). Disponible en: bit.ly/3RmOuOU

Imagina involucrar a la congregación con una dinámica semejante esta: un domingo cualquiera invitarlos a investigar durante la semana, por ejemplo, la biografía del autor Horatio Spafford, ya que el próximo domingo cantaremos un himno escrito por él.

Te sorprenderá conocer qué inspiró la escritura de algunos himnos y también de cantos contemporáneos tales como "Al taller del Maestro", de Alex Campos, o el himno "He decidido seguir a Cristo" o "Alcancé Salvación" ("It is well with my soul", de Horatio Spafford), por darte algunos ejemplos.

Aprovecha estas oportunidades para catalizar al máximo la intención de los autores. Medita sobre la letra, el origen etimológico u original de algunas palabras específicas de la canción. Es un momento hermoso que tenemos para compartir. Que no sea todo llegar, cantar y salir.

Procuremos que enseñar una canción no sea nada más debido a que nos gustó el ritmo o aquel cantante de la radio, sino a que ese canto tuvo un impacto en nuestra vida, que tiene un mensaje edificante para la congregación, será de esperanza para el visitante y de alivio para el angustiado.

No es meramente mostrar un canto nuevo por la novedad en sí; es enseñar intencionalmente con un propósito. ¿No es esto acaso parte del ministerio de enseñanza de la iglesia? ¡Instruir! ¿No es esto parte de nuestra responsabilidad como músicos? Usar la música para enseñar Palabra de Dios, transmitir un mensaje claro sobre el amor de Dios.

¿Estoy exagerando con aquello de no descansar hasta que la otra persona aprenda? ¿Qué te parece el hecho de que Moisés, aun sabiendo que el pueblo se iba a desviar, se preocupó por cumplir el mandato de Jehová y por enseñar una canción que le sería de enseñanza al pueblo para su propio juicio, pero también para su reconciliación con Dios? (Deuteronomio 31:24-27).

Hay otro pasaje en la Biblia que suma a lo que estamos analizando. En el libro de Nehemías podemos ver cómo la tribu escogida para ministrar en el servicio del Señor, los levitas, se encontraban en esta oportunidad de reencuentro, enseñándole al pueblo la ley de Moisés:

> *Y los levitas Jesúa, Bani, Serebías, Jamín, Acub, Sabetai, Hodías, Maasías, Kelita, Azarías, Jozabed, Hanán y Pelaía, hacían entender al pueblo la ley; y el pueblo estaba atento en su lugar.*
>
> *—Nehemías 8:7 (RVR60)*

Me gusta mucho el énfasis del escritor al colocar ese "hacían entender al pueblo la ley". No era solo mostrar que existían los escritos de Moisés; no era tan solo desentenderse de su responsabilidad diciendo que ya se la habían presentado al pueblo y de ahí en más era responsabilidad de ellos aprenderla o no. Ellos "hacían entender" al pueblo. Esto implica motivar a que los oyentes pudieran estar conectados en el mismo sentir y fueran capaces de comprender todos juntos lo que Dios quería decirles.

3 | LA MÚSICA EN EL MINISTERIO DE EDUCACIÓN

La música es una de las herramientas más efectivas para lograr que un determinado grupo aprenda lo que se desea enseñar. Moisés usaba la música para enseñar la historia vivida por los israelitas en su liberación y que les sirviera de recordatorio constante de la bondad de Dios hacia ellos.

Los músicos tenemos esa función de instruir a la congregación sobre los mandatos de Dios, dar a conocer las buenas nuevas. Nos fue encomendado –tal como a la tribu de Leví– hacer buen uso de la música, para glorificar, honrar y proclamar el nombre de Dios y guiar al pueblo por medio de la música.

CAPÍTULO 4

La música en los
MINISTERIOS
DE SERVICIO

> A cada persona, Dios le ha concedido, en su bondad, el don de realizar cierta tarea (...) Si tienes el don de servir a los demás, sirve bien...
>
> —Romanos 12:6a,7a

Los ministerios de servicio tienden a ser visto de manera semejante al ministerio de proclamación. *"Es que esa función de servicio le toca a los que forman parte de ese ministerio: visitar ancianos, enfermos, recoger ropa; esa no es tarea de los músicos"*, pensamos.

El don de servicio que obtenemos al recibir al Espíritu Santo es lo que nos permite disfrutar del servir a los demás. Es decir, no vemos la actividad de servir como una obligación, un trabajo, una labor de la cual cobraremos algún dividendo, sino como una tarea práctica que disfrutamos al hacerla, sin esperar recompensa a cambio.

Cabe destacar que el servicio no debe ser algo limitado a la ayuda material o monetaria hacia el prójimo, pero no por eso quiere decir que se rechace o no lo incluya. La ayuda material o económica es simplemente una manera de servir, y hasta se ha visto en los últimos tiempos como una de las formas más prácticas y cómodas.

Al momento de brindar un servicio (nota que utilicé la palabra 'brindar', entendiendo que es un regalo que se ofrece sin esperar algo a cambio) quizás tenga importancia la actividad que se vaya a hacer o el objeto que se vaya a entregar, pero sabemos bien que más allá de una gran acción, está lo simple, bello y honesto de un gesto amoroso. De manera que podemos afirmar: "Importa más el qué que el cómo".

Un buen ejemplo lo encontramos en el libro de Hechos, capítulo 5.

Pero se dio el caso de un hombre llamado Ananías, esposo de Safira, que vendió cierta propiedad, pero entregó solo una parte del dinero a los apóstoles y se quedó con el resto. Su esposa, desde luego, estaba enterada de todo.

—Ananías —lo reprendió Pedro—, ¿por qué has permitido que Satanás te llene el corazón? ¿Por qué dices que este es el importe total de la venta? Le estás mintiendo al Espíritu Santo. ¿Acaso no era tuya esa propiedad antes de venderla? Y una vez vendida, ¿no era tuyo el dinero? ¿Por qué has hecho esto? No nos has mentido a nosotros, sino a Dios.

Al escuchar estas palabras, Ananías cayó al suelo y murió, y un gran temor se apoderó de los que escucharon esto.

Los jóvenes cubrieron entonces el cadáver con una sábana y salieron a enterrarlo.

Como tres horas más tarde, llegó la esposa, sin saber lo ocurrido.
—¿Vendiste el terreno en tal precio? —le preguntó Pedro.
—Sí —respondió.
Le dijo Pedro: —¿Por qué se pusieron de acuerdo para poner a prueba al Espíritu del Señor? Detrás de esa puerta están los jóvenes que acaban de enterrar a tu esposo y ahora te sacarán también a ti.
Instantáneamente cayó al suelo muerta. Los jóvenes entraron y, al verla muerta, la sacaron y la enterraron junto a su esposo.

—Hechos 5:1-10

Este es, por supuesto, un relato trágico pero contundente en cuanto a cómo debe ser el servicio a Dios.

Algo que me pone a pensar es que Ananías y Safira recibieron esa heredad. Quiere decir que probablemente tenían algo antes, pues en la época de Ananías, la herencia era algo que solo se entregaba al morir el poseedor. Es decir que probablemente ellos tenían sus propiedades, y adicionalmente recibieron esta heredad. Ananías y su esposa dispusieron no entregar todo el dinero obtenido, sino solo una parte. Su grave error fue *dar a entender* –y luego *mentir*– al decir que el monto que estaban entregando era todo el precio recibido por la venta de la herencia. Seguramente la cantidad que ofrendaron era considerable. Puedo imaginarme a más de un creyente sentado junto con Pedro, quedándose boquiabierto con lo que entregó Ananías.

Imagina que vendes tu apartamento y decides dar la mitad o una décima parte a la iglesia. Muchos hermanos simplemente verían que entregaste una buena suma de dinero sin estar conscientes del total que todavía hay en la cuenta bancaria.

El Espíritu Santo le indicó a Pedro que esa ofrenda simplemente no era sincera. Estaba llena de engaño y mentira. Su servicio, por más que fuera cuantioso, estaba manchado por la mentira. Quizás si ellos hubieran dicho que esa era solo una parte de la venta de la heredad, la historia hubiera sido diferente. Nada más hacía falta ser honestos en su ofrenda. El apóstol Pedro pronuncia una gran verdad que nosotros hoy en día también tenemos que tener en cuenta: *"No nos has mentido a nosotros, sino a Dios"* (Hechos 5:4b). Y yo agrego: "nadie puede engañar a Dios" (Gálatas 6:7b).

Misericordia y compasión

En los evangelios encontramos un buen secreto "público" que demostró Jesús en relación a cómo servir. *"Al ver a las multitudes, sintió compasión de ellas, porque eran como ovejas desamparadas y dispersas que no tienen pastor"* (Mateo 9:36). *"Cuando Jesús llegó, encontró que una vasta multitud lo esperaba y, compadecido, sanó a los enfermos"* (Mateo 14:14). *"Y Jesús, llamando a sus discípulos, dijo: Tengo compasión de la gente, porque ya hace tres días que están conmigo, y no tienen qué comer; y enviarlos en ayunas no quiero, no sea que desmayen en el camino"* (Mateo 15:32, RVR60). *"Jesús, compadecido, les tocó los ojos. Al instante pudieron ver; y siguieron a Jesús"* (Mateo 20:34). *"Jesús, compadecido, lo tocó y le dijo: 'Quiero; queda curado'"* (Marcos 1:41).

¡Que tremendo! La misericordia y la compasión son un motor que debe incentivar el servicio en cada creyente. Si estamos buscando un servicio honesto, sin otro fin que no sea el de simplemente servir a Dios, ¿no debería ser la compasión y la misericordia una razón poderosa?

Se le atribuye a Alfred Adler, el famoso psicoterapeuta vienés, esta frase: "El individuo que no se interesa por sus semejantes es quien tiene las mayores dificultades en la vida y causa las mayores heridas a los demás. De esos individuos surgen todos los fracasos humanos".

Jesucristo en una ocasión le recordó a sus oyentes Oseas 6:6, que dice: *"Porque misericordia quiero, y no sacrificio…"* (RVR60). Jesús evoca ese texto específicamente en dos pasajes:

> *Ese mismo día cenó Jesús en su casa. Y junto con sus discípulos había muchos cobradores de impuestos y gente pecadora. Al ver eso, los fariseos se indignaron.*
> *—¿Por qué su Maestro anda con gente de esa calaña? —preguntaron a los discípulos.*

Jesús alcanzó a oír aquellas palabras y les respondió:
—Porque los sanos no necesitan médico, y los enfermos sí.
Vayan y traten de entender el texto que dice: "Misericordia quiero, no sacrificios", porque yo no he venido a llamar a los buenos, sino a los malos.

—Mateo 9:10-13

En aquellos días, Jesús y sus discípulos salieron a caminar por los sembrados. Era el día de reposo. Cuando los discípulos sintieron hambre, se pusieron a arrancar espigas de trigo y a comérselas.
Algunos fariseos que los vieron protestaron inmediatamente:
—¡Tus discípulos están quebrantando la ley! ¡Están recogiendo granos en el día de reposo!

Pero Jesús les dijo:
—¿No han leído lo que el rey David hizo cuando él y los que lo acompañaban tuvieron hambre? Pues entraron al templo y se comieron los panes de la proposición, panes sagrados que solo los sacerdotes podían comer.
»¿No han leído en la ley de Moisés cómo los sacerdotes que sirven en el templo tienen que trabajar el día de reposo y no por ello cometen pecado?

> *»Pues les digo que el que ahora está aquí es mayor que el templo.*
> *Y si comprendieran lo que quieren decir las Escrituras con "Misericordia quiero, no sacrificio", no condenarían a quienes no son culpables.*
> *Porque yo, el Hijo del hombre, soy Señor del día de reposo».*

—Mateo 12:1-8

Seguramente, lo hizo muchas otras veces, pero al menos estas dos quedaron registradas en los evangelios. Con frecuencia desviamos el sentido del servicio. A veces caemos en el error de pensar que preparar una bebida caliente para los ancianos que hacen la fila en el banco desde tempranas horas de la madrugada, es una carga; o que ellos están esperando esa bebida caliente específicamente. No podemos olvidar que la base fundamental del servicio no debe ser otorgar un bien material, sino la compasión y la misericordia. Si tenemos este motor, cualquier cosa que hagamos será bien recibida.

Tener misericordia y compasión por nuestros semejantes nos hará ver claramente cuál es la necesidad real que tienen y cómo podemos servirles. Un ejemplo que me quedó marcado y quiero compartir contigo ocurrió hace años, un domingo normal como cualquier otro. Terminamos de tocar, el pastor sube al frente y lo común es que diga los anuncios de actividades de la semana, una oración y luego inicie con la predicación.

Por mi parte, ese domingo dejé la guitarra en su base y me dirigí al anexo donde se encuentra el filtro de agua para recargar mi botella. Vi que uno de los jóvenes estaba discutiendo con el ujier. El joven quería salir y el ujier le estaba insistiendo en que regresara a sentarse, que la predicación estaba por comenzar. El joven le explicó que tenía que ir a comprar el botellón de agua para el filtro, porque a los encargados se les había olvidado hacerlo. El ujier (o ayudante de protocolo, como se le nombra en algunas iglesias) le insistió en que no, que tenía que ser como María y no como Marta (recordándole el pasaje de Lucas 10:38-42). "Escuchar la predicación es más importante que buscar agua", le dijo. Reconozco que los músicos solemos con facilidad dispersarnos y recorrer el templo durante la predicación, así que hablé con el coordinador de ujieres y, al final, logró resolver la situación en paz.

Tener misericordia y compasión por nuestros semejantes nos hará ver claramente cuál es la necesidad real que tienen y cómo podemos servirles.

Definitivamente, este colaborador había perdido el sentido de servir. Si al personal encargado se le olvidó comprar el botellón de agua, no puedes quedarte a oír el culto sabiendo que cuando el resto de la congregación vaya a tomar agua, no habrá. Esto producirá una molestia. Créeme que esas personas que fueron a adorar, cuando tengan sed y vean que no hay agua, se les olvidará el sermón y su mente estará en otro lugar nada parecido a la presencia de Dios. ¿Cómo está la misericordia y la compasión en tu vida? ¿Has pensado como músico alguna vez en llevar música a los ancianatos, orfanatos y hospitales?

En caso de que el ministerio de compañerismo esté organizando una venta de garaje, una colecta para un paseo, o una actividad semejante, ¿no podrían los músicos planificar una serie de canciones durante el tiempo de vendimia, por ejemplo, y hacer de ese momento un tiempo grato. También podrían organizar un concierto para juntar fondos siguiendo esa misma línea.

¿Cómo está la misericordia y la compasión en tu vida? ¿Has pensado como músico alguna vez en llevar música a hogares de ancianos, orfanatos y hospitales?

Acá surge una pregunta interesante: si vamos a utilizar la música como un *arte funcional*, que sea usado en los ministerios de servicio, ¿a quién o quiénes vamos a servir a través de la música? El apóstol Pablo nos responde de manera directa en una carta escrita a los Efesios: *"Hagan su trabajo de buena gana, como quien sirve al Señor y no a seres humanos"* (Efesios 6:7). El evangelio de Jesucristo según Mateo, en su capítulo 25, nos presenta un relato muy a lugar, en el cual Jesús les dice a los discípulos: *"Yo, el Rey, les responderé: 'Todo lo que hicieron a mis hermanos necesitados a mí me lo hicieron'"* (v. 40). Debió ser impactante para los oyentes esta historia relatada por el Señor Jesucristo, pues les dice que en la medida que ellos rechazaban a los enfermos, samaritanos y gentiles en general, en esa medida estaban rechazando al Dios que decían servir.

Encuentro un desafío aquí, pues Jesús se los dijo verbalmente a los hombres de esa época, pero hoy en día está vigente y se aplica perfectamente a nuestra situación. En la medida que tratamos a nuestro prójimo, en esa misma medida estamos tratando al Señor.

Parte del problema que presentaban los fariseos, sacerdotes y levitas es que se volvieron tan religiosos y legalistas que ni ellos mismos podían cumplir esas leyes que fueron tergiversando. Ellos tenían en su mente que no podían contaminarse ni ensuciarse con algún enfermo; transmitían que eran muy puros –y debían mantenerse puros– para llegar a tener ese contacto.

> *Pues si yo, el Señor y el Maestro, les he lavado los pies, también ustedes deben lavarse los pies unos a otros.*
> *Yo les he dado el ejemplo, para que hagan lo mismo que yo he hecho con ustedes.*
>
> *—Juan 13:14-15*

El Maestro y Señor Jesucristo nos dio una tajante lección sobre tal mentalidad de grandeza. Fue el mismo Señor quien se ocupó de hacer el trabajo de los sirvientes de la casa, el trabajo de lavar, quitar el polvo y la tierra de los pies de las personas que entraban a la casa. La lección final fue esta: "El que quiera ser grande humíllese a sí mismo".

> *No hagan nada por egoísmo o vanidad. Más bien, hagan todo con humildad, considerando a los demás como mejores que ustedes mismos.*
>
> *Cada uno debe buscar no solo su propio bien, sino también el bien de los demás.*
> *La actitud de ustedes debe ser como la de Cristo Jesús...*
>
> *—Filipenses 2:3-5*

El servicio y la humildad, como meta de vida, no podemos lograrlo con lograr nuestras fuerzas. Si te fijas esto como un objetivo –ser humilde y servidor– terminarás siendo arrogante y de estorbo. Pablo conocía muy bien este principio, pues él mismo mandaba a recordar las palabras y las acciones de Jesús, quien no se aferró a su gloria celestial, sino que abandonó todo para ser humillado y crucificado, pero al tercer día de su muerte, resucitó y ahora es exaltado y glorificado.

¿Quieres saber un truco para ser un músico humilde y servidor? Deja de pensar "debo ser humilde, debo ser humilde; debo servir, debo servir". En vez de eso, ama a tu prójimo, no hagas nada por contienda o por vanagloria, estima a los demás como superiores a ti, con respeto y educación, como lo harías con cualquier superior. Ser humilde y servidor no es algo que puedes decir y empezar a ser. La humildad y el servicio son cualidades que las demás personas perciben de tus acciones. La idea es que tu actuar —el cual debería ser consecuente a la llenura del Espíritu Santo– transmita y emita una sensación de humildad y de servicio al prójimo. Que no sea el fin último, sino la vía en la que te conduces.

Quizás te encuentres en una situación donde digas: "*Pero soy músico, eso me quita mucho tiempo, ¿cómo podré servir entonces? Además, para eso están los diáconos… así como los eligieron los doce discípulos en el libro de los Hechos, ¡zapatero, a tus zapatos!*".

> *Para solucionar el problema, los doce convocaron a todos los creyentes a una reunión, y les dijeron: Nosotros debemos dedicarnos a predicar y no a administrar el programa de alimentación.*
>
> —*Hechos 6:2*

Para entender esta situación en la que se encontraban los doce discípulos, tendrás que salir de tu condición de músico (*solamente músico*), y colocarte en los zapatos del pastor que atiende a todos los hermanos, uno por uno; ve sus necesidades, los visita, atiende, llama por teléfono a los que no están asistiendo, los vuelve a visitar, estudia y prepara el mensaje a predicar, coordinar todo lo referente a la planificación de la iglesia, escribe cartas a los misioneros, se reúne con los maestros de niños, atiende casos complejos de consejería pastoral, ministra en sepelios, bodas, etc., ¡y hasta limpia el templo si es necesario! Vamos... ser músico ya no suena tan ocupado, ¿verdad?

La idea con todo esto no es que te bajes de tu instrumento para servir, porque como creyente es tu honor ser un servidor. El objetivo es que tú, con tu instrumento, por medio de la música puedas continuar sirviendo. ¿Notaste que utilicé el verbo 'continuar'? Como hijos de Dios, debe ser nuestra naturaleza ser servidores; amar a los demás debe estar por encima de cualquier deseo propio.

No creas que estoy diciendo incongruencias. *"¿Cómo voy a servir, si estoy detrás de una guitarra?"*, te preguntarás. En respuesta a esto, hay un relato muy interesante:

> *El Espíritu del Señor se había apartado de Saúl, y en cambio, le había enviado un espíritu que lo atormentaba.*
> *Algunos de los servidores de Saúl le sugirieron un remedio.*
> *—¿Por qué no nos autorizas a buscar un buen músico que toque el arpa delante de ti cuando viene el espíritu que te atormenta? La música del arpa te dará tranquilidad y te hará bien.*
> *—Bien —dijo Saúl—. Búsquenme un músico que toque el arpa.*

Uno de los cortesanos le dijo que conocía a un joven de Belén hijo de un hombre llamado Isaí, que no solo era un arpista con talento sino un joven gallardo, valiente, fuerte y juicioso.
—Lo que es más —añadieron—, el Señor está con él.

Saúl envió mensajeros a Isaí pidiéndole que le enviara a su hijo David el pastor,
Isaí respondió enviando no solamente a David, sino también un cabrito, y un burro cargado de panes y un odre de vino.
Desde el instante en que vio a David, Saúl se encariñó con él y lo hizo su escudero,
y le mandó el siguiente recado a Isaí: «Deja que David se quede conmigo, porque me agrada».
Y cada vez que el espíritu que lo atormentaba, de parte de Dios, molestaba a Saúl, David tocaba el arpa y Saúl se sentía mejor, y el espíritu malo que lo turbaba se apartaba de él.

—1 Samuel 16:14-23

Vemos cómo Saul le pedía a David que tocara su arpa para así aliviar su dolor. Observamos una vez más el efecto de la música que algunas veces menospreciamos. David a través de la música (ignoramos si tenía letra en ese momento) podía servir al rey Saúl en aliviar sus penas. ¿A cuántas personas y de cuántas maneras más podemos servir a través de la música? Quiero resaltar el hecho de que Saúl no se quedó con un *"gracias joven, sabes tocar muy bien"*; el impacto fue mucho mayor. En el verso 21 leemos que lo nombró su paje de armas; es decir, uno de los ayudantes más cercanos, el escudero. ¿Alguna vez has visto a alguien tan agradecido por haber escuchado unas notas musicales? Es así como descubrimos que al final no son solo sonidos, sino que hay mucho más allá en la música de lo que alcanzamos a comprender.

Podemos servir al prójimo no solo material, sino incluso espiritualmente por medio de la música. Recuerda que es un instrumento y el cómo lo uses dependerá de ti y de tu comunión con Dios.

Podemos servir al prójimo no solo material, sino incluso espiritualmente por medio de la música.

He conocido de casos en que hermanos hacen visitas a hospitales públicos, oran por los enfermos, les presentan las buenas nuevas de salvación y hasta cantan (sin instrumentos, solo voces). No les están dejando oro ni plata, pero algo de mayor valor lo están compartiendo. Por medio de los cantos, los enfermos también aprenden mensajes de aliento y fe. Otro momento en el que los cristianos solemos usar la música para servir sin darnos cuenta es en los funerales. No cantamos para recordar ni honrar al que ha fallecido, ni para alegrar a los familiares. Cantamos como recordatorio de que si vivimos, para Dios vivimos, y si morimos, para

Él morimos. Sea que vivamos o que muramos, somos del Señor (Romanos 14:8). Cantamos como gratitud a Dios, sabiendo que al partir de este mundo terrenal nos esperan las moradas celestiales más allá del sol. Cantamos para enseñar a los familiares, amigos y visitantes en un funeral que en Jesucristo hay salvación y vida eterna.

Un testimonio que me impactó en el 2010 fue el de Yaritza López. Recomiendo buscar sus videos en internet. Yaritza hoy es una joven que al nacer se le cayó de las manos al médico cabeza al piso y los doctores concluyeron que ella tendría parálisis cerebral y quedaría vegetal por siempre. A los cinco años su abuela se reconcilió con Dios y comenzó a ponerle música cristiana a la niña. Cuenta su tío que cuando le quitaban la música ella comenzaba a llorar y la única forma de calmarla era con música cristiana. Entre los cinco a ocho años Yaritza comenzó a mover los dedos y las manos, hasta que a los ocho años se declaró oficialmente la reversión de su estado vegetativo. Ella ya estaba cantando, sin saber leer ni escribir, pero Dios la ha usado con poder en el canto. Ahora no solo te lo recomiendo, sino que insisto en que busques sus videos por internet, conozcas y compartas ese testimonio. Tanto la música como el servicio son elementos que se han subestimado bastante y ya es hora de poner no solo manos a la obra, sino ¡vida a la obra!

CAPÍTULO 5

La música en los
MINISTERIO
DE COMPAÑERISMO

> Todos ustedes forman el cuerpo de Cristo,
> y cada uno es un miembro necesario de ese cuerpo.
>
> —1 Corintios 12:27

El ministerio de compañerismo es una de las áreas que se suele pensar está relacionada únicamente con un aspecto, que suele ser comer sin sentido. Hojeando la RAE, el compañerismo se puede ver conceptualmente como el vínculo o relación amistosa que existe entre personas que comparten alguna actividad, tarea, ideología, entre otras.

Etimológicamente, el término 'compañero' deriva de aquel que comparte habitualmente el mismo pan. Resalto dos características interesantes: 1) Según la raíz del latín no es que cada uno está por casualidad en la mesa comiendo cada quien su propio pan, sino que están lo suficientemente relacionados como para compartir la misma hogaza. 2) No están por ventura ese día en particular partiendo el pan, sino que es habitual en su relación. Con estos dos puntos en mente deberíamos entender mejor cómo debería funcionar la fraternidad entre los hermanos.

¿Recuerdas el momento histórico en el que Moisés y Aarón van a Faraón a solicitarle que libere al pueblo de Israel? Quizás recuerdes también que Jehová Dios le dijo a Moisés, luego de tanto discutir, que fuera con su hermano Aarón y usara su vara para convertirla en serpiente. Luego de eso se presentaron varias veces más, demostrando que eran hombres enviados por el Dios del pueblo de Israel, y por ende debería dejarlos ir porque de no ser así las plagas continuarían azotando a Egipto. Pero ¿recuerdas el primer encuentro entre Moisés, Aarón y el Faraón? Aquí lo tenemos:

Después Moisés y Aarón entraron a la presencia de Faraón y le dijeron: Jehová el Dios de Israel dice así: Deja ir a mi pueblo a celebrarme fiesta en el desierto.

—Éxodo 5:1 (RVR60)

Jehová le indicó a Aarón que fuera al encuentro con Moisés en el desierto (Éxodo 4:27 en adelante), y luego ellos reunieron a todos los ancianos de los hijos de Israel y les comentaron las cosas que Jehová Dios le había dicho a Moisés, e hicieron las señales delante de ellos. El pueblo les creyó y todos adoraron a Dios. Después de eso, Moisés y Aarón se volvieron a presentar ante Faraón y le formularon lo que para un ser humano común y corriente sería la solicitud más ilógica de todos los tiempos:

—Hey, Faraón, Jehová dice que dejes libre al pueblo de Israel para que hagan una fiesta en el desierto".

El Faraón quizás pensó: "¿Quién es este Jehová para que yo le obedezca? Además, ¿qué es todo esto? ¿*#Big_Party_on_the_Desert*? ¿Pretenden que deje ir a mi fuerza obrera y esclava, a mis constructores de ladrillos y grandes edificaciones para que tengan una fiesta en el desierto?" Podría asegurar que más de un creyente en la actualidad respondería:

—¿Me estás diciendo que libere a mis obreros, que dejen de construir mis maravillas, que dejen de trabajar las tierras, que dejen de arreglar los anaqueles, que dejen el piso sucio, para ir a una fiesta? ¡Deja de lamer sapos y consíguete otros invitados!

Una solicitud muy curiosa si pensamos que estaban pidiéndole a Faraón que liberara a sus esclavos para que hacer una fiesta. Sin embargo, los comentaristas afirman que esta frase invitaba a congregarse en comunión, en grupo, a adorar y alabar a Dios. Moisés estaba pidiendo: "Deja ir al pueblo de Israel para que juntos, como un pueblo, como una unidad, en comunión, libertad y alegría puedan adorar a Jehová su Dios". Me inspira mucho la imagen de un Dios que quiere que su pueblo esté en comunión, en hermandad, y como una familia le adore libremente.

Fortaleciendo los ligamentos

¿Alguna vez te ha dado tendinitis o has sufrido un esguince? La tendinitis es la inflamación de un tendón, provocando gran dolor en la zona afectada. Esta inflamación ocurre por la fricción o roce de la parte exterior del tendón con el hueso. En caso de que te haya dado, puede ser que haya sido en las muñecas, codos u hombros por haber realizado un movimiento repetitivo o fuerte. El esguince es la lesión de ligamentos y se produce al forzar la articulación al máximo, por un movimiento brusco y excesivo. Puede ser distensión, rotura parcial o rotura total.

Para entender parte de su importancia, te presentaré el resumen de una explicación que me dio una amiga que vive en Buenos Aires, Priscila Benigno. Ella es profesora de educación física y pertenece al Seminario Teológico Bautista Internacional de Buenos Aires.

La función de los ligamentos principalmente es articular los huesos entre sí. Los tendones son responsables de la inserción del músculo al hueso.

Lo que une un hueso con otro es la articulación. Dentro de las articulaciones hay de distintos tipos: algunas inmóviles (como las articulaciones que unen los distintos huesos del cráneo) y otras móviles, que son las más conocidas (como ser las del codo, hombro, rodilla, etc.). Respecto de las articulaciones móviles, dentro de ellas existen distintos elementos. Algunos de esos elementos los ligamentos, cápsulas y líquidos.

En resumen, la articulación une un hueso a otro y dentro de la articulación hay varios elementos, entre ellos los ligamentos.

¿Puedes ver cuál es la importancia de los tendones y ligamentos en el cuerpo humano? Para comprender su importancia, es necesario que dejemos de ver el ministerio de compañerismo como una actividad de comer sin sentido, y visualicemos a nuestras iglesias en una actividad de comunión que fortalece el ligamento del cuerpo de Cristo, del cual tú y yo somos miembros (1 Corintios 12:27). Recordemos entonces que el compañerismo es el ligamento que une al cuerpo de Cristo.

El compañerismo es el ligamento que une al cuerpo de Cristo.

Una vez más, olvídate que este ministerio es el encargado de darte refrescos y comidas en cada fecha de celebración. Quítate la idea de que es el encargado de regalarle un llavero al pastor en el mes de la familia pastoral. El ministerio de compañerismo es el encargado de fortalecer los ligamentos que unen los miembros del cuerpo de Cristo, y tú como músico no debes estar sentado esperando a que te atiendan: debes estar activo apoyando y contribuyendo al fortalecimiento de esa relación.

Patrick Morley, autor del éxito de librería *The man in the mirror* [El hombre frente al espejo], seleccionado como "uno de los cien libros cristianos que cambiaron el siglo XX", también de *Doce hábitos para fortalecer su caminar con Cristo*, y muchos otros libros que buscan fortalecer la identidad del creyente, nos presenta un ejemplo ilustrativo comparando algunas relaciones humanas con las secuoyas. Estos árboles crecen durante siglos y hasta milenios. Han llegado a medir más de cien metros de altura. ¿Te imaginas cuán profundas son sus raíces para poder sostener esos enormes troncos? Quizás imaginaste metros de más. Sus raíces descienden tan solo de uno a seis metros por debajo de la superficie. Pero entonces ¿cómo aguantan los fuertes vientos a esas alturas, y las impetuosas tormentas? Creciendo cerca uno de otro y entrelazando sus raíces. Estos árboles se mantienen firmes en la tempestad y siguen creciendo porque, aunque sus raíces son cortas –en comparación a su altura– permanecen unidas unas con otras, todas en conjunto como una gran red radical.

Del mismo modo, Dios nos creó con particularidades y peculiaridades, es decir, diferencias entre cada uno, de modo tal que podamos trabajar juntos y complementarnos como lo hace un cuerpo humano. Como lo debe hacer el cuerpo de Cristo. Cuando vivimos en relación con otros creyentes, aceptamos nuestro lugar en la comunidad santa. De lo contrario, seríamos como un injerto que no cala bien. Estaríamos rechazando estar unidos al resto del organismo. Repasando lo que nos dice la RAE sobre el compañerismo, este no hace referencia a comidas, bebidas o fiestas simplemente, sino que está ligado al vínculo o relación amistosa que existe entre personas que comparten alguna actividad, tarea o ideología. En nuestro caso, es el vínculo que une a los hermanos en la fe, el amor de Dios que tenemos en común y por eso nos hacemos llamar creyentes de Jesucristo.

Un episodio que vale la pena recordar, relacionado con la importancia de mantener la relación amistosa, lo encontramos en 2 Reyes capítulo 3. Estaban el rey Josafat de Judá, Jorán de Israel, y el rey de Edom juntos para luchar contra Mesá, rey de Moab, quien se había rebelado contra Israel. Al quedarse sin agua para ellos ni sus animales, luego de siete días de camino por el desierto, mandaron a buscar a Eliseo para que les profetizara.

Eliseo hizo traer a un músico para poder iniciar la palabra profética. Sin embargo, antes de que Eliseo solicitara al músico hizo una breve salvedad. Les dijo a los tres reyes algo así como: *"¿Para qué viene Jorán, rey de Israel, a mí y a Jehová?, ¿Acaso no tienes tus ídolos a los que adoras y les rindes culto? Deberías ir y pedirles consejo a tus ídolos hechos a mano, ya que reniegas de Jehová Dios. Si no fuera por el aprecio que le tengo a Josafat y el respeto que me merece, me hubiera dado media vuelta y los hubiera dejado en el desierto. Así que hablaré por amor a Josafat, rey de Judá"*. Eliseo estaba en contra de los actos de Joram, pero dice que por el amor y respeto que le tenía a Josafat, estuvo dispuesto a profetizar junto con los músicos. ¡Qué importante es que en el cuerpo de Cristo tengamos los ligamentos bien fortalecidos para que cada miembro, cada talento, cada don, pueda ser usado complementariamente en la obra de Dios!

Otro dato curioso que nos ayuda a entender la importancia del compañerismo y este ligamento entre los miembros del cuerpo de Cristo, lo encontramos en 1 Crónicas 23:1-5.

David era muy anciano cuando nombró a su hijo Salomón como rey de Israel.

Convocó a todos los jefes religiosos y políticos de Israel para la ceremonia de coronación.

Contaron a todos los levitas que tuvieran más de treinta años de edad, y resultó que había un total de treinta y ocho mil hombres.

David, entonces, los distribuyó de la siguiente manera: Veinticuatro mil dirigirían el trabajo de construcción del templo del Señor, seis mil serían oficiales y jueces, cuatro mil servirían de porteros, y los cuatro mil restantes serían los encargados de alabar al Señor con los instrumentos musicales que David había hecho fabricar para tal fin.

"¿Cuatro mil personas para alabar a Jehová con los instrumentos? ¿Es en serio?", pensarás. Pues sí, créeme que es en serio. No solo cuatro mil, si te fijas en el versículo 3, dice que fueron contados los levitas de más de treinta años. Es decir, que esos cuatro mil que se mencionan son solamente los levitas mayores a treinta años, con lo cual podrás imaginar que fueron muchos más en total.

¿A qué viene esto? Nosotros nos quejamos de un ensayo con cinco músicos que no se pueden poner de acuerdo. Nos quejamos de un director de canto que no puede entonar al primer acorde que emite el piano. Nos quejamos de que el guitarrista no sepa hacer *ipso facto* un simple Mi con segunda agregada y bajo en Si (Esus+2/B). Pero imaginemos la cantidad de levitas dedicados a la música. ¡Había cuatro mil músicos (varones mayores de treinta)! ¿Pudiste imaginarlo? Una sala de cine mediana puede tener cien asientos. ¿Realmente lo imaginaste? Piensa en cuarenta salas de cine llenas de músicos esperando oír tu orden como director musical. Visualiza una sala en cada punto cardinal; tendrías cuatrocientos músicos. Si hubiera nueve salas detrás de cada una de esas. ¿Realmente lo estás viendo?

Te muestro cómo me lo estoy imaginando yo en este preciso instante. Juguemos con la imaginación.

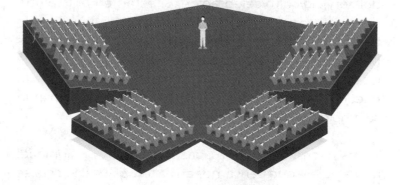

La única forma de lograr un buen resultado entre cuatro mil músicos es que esto se realice en armonía y disciplina. Trata de recordar los conflictos que viste entre un solo músico y el director de canto. Ahora intenta pensarlo si guardas un estado de armonía y amor, amando al prójimo con la misma intensidad con que te amas a ti mismo.

Templanza

En Gálatas 5:22-23 se menciona el fruto del Espíritu: "*Mas el fruto del Espíritu es amor, gozo, paz, paciencia, benignidad, bondad, fe, mansedumbre, templanza; contra tales cosas no hay ley*" (RVR60).

Ya sabes que te hablaré de la importancia de reflejar el amor, gozo, paz, paciencia y benignidad en los momentos de ensayo. Estas demostraciones del fruto del Espíritu ciertamente deben estar presentes no solo durante los ensayos, sino durante la ejecución musical en los días del servicio/culto/celebración. Si están en el Espíritu, ciertamente podrán comunicarse en el Espíritu. Lo que hablen ustedes como músicos, sus miradas, sus señas, sus pensamientos, estarán fortalecidos en ese ligamento que los une en el cuerpo de Cristo, en ese lenguaje que solo pueden entender si todos están en el Espíritu, y no llenando su propio ego.

Ya me referí al amor, gozo, paz, paciencia y benignidad; ahora quiero que pensemos en ¡la templanza! Sí, esta es otra de las demostraciones del fruto del Espíritu Santo.

5 | LA MÚSICA EN EL MINISTERIO DE COMPAÑERISMO

En una reunión que tuve con los músicos de mi iglesia, durante el tiempo de devoción, hablamos acerca de ella. Algunos relacionan la templanza con rigidez, dureza, mano dura, pecho de plomo, cara de perro y voz resonante. ¡Vamos! No hay que ser tan rígido. Es más, estoy seguro de que muchos músicos cristianos no tenemos esas características. Peor aún, creo que esos rasgos no hacen pareja con ninguna de las otras manifestaciones del fruto del Espíritu.

La palabra templanza proviene del latín *temperantia*, en referencia a la moderación de la temperatura. En sentido análogo, el adjetivo 'templado' se aplica al medio entre lo cálido y lo frío, y también a lo que mantiene cierto tipo de equilibrio, cohesión o armonía interna.

En la antigüedad se hablaba de templanza como el control o sobriedad que debían tener los clérigos ante algunos placeres y deseos, como la gula, el humor, el licor, lo sexual, etc. Me gusta cómo lo presenta la versión Nueva Biblia Viva. En esta traducción, en lugar de templanza se usa dominio propio. Okey, creo que más de un cristiano podrá sentirse más cómodo con la expresión dominio propio que con templanza.

Parte del compañerismo, parte del amor, parte de mantener ese ligamento fortalecido entre el grupo de músicos de la iglesia consiste en que cada uno tenga dominio propio; controlar cada quien su lengua, sus emociones y sus pensamientos.

Para mejorar el compañerismo entre los músicos –sean cuatro mil, cinco, o nada más dos– me gusta pensar, al momento de hablar de ese vocalista que no entona al primer acorde de piano, que representa a Jesucristo. Rayos, no está fácil decirle a Jesucristo: "*¿Qué te pasa? ¿Por qué no te limpias los oídos y entonas como debes hacerlo? No estás practicando. ¡Si no prácticas no podrás adorar a Dios!*".

Me gusta pensar que ese vocalista que no entona al primer acorde de piano, representa a Jesucristo.

Imagina que ese instrumentista que está en la guitarra, es la representación de Jesucristo. ¿Le dirías las mismas cosas que le dices a Juanito? Yo creo que no. Supongo que en ese caso tendrías algo de dominio propio. Creo que respirarías hondo y dirías algo como: "*Vamos a seguir practicando, estoy seguro que a la siguiente vuelta saldrá muchísimo mejor*".

Vemos en otros pasajes como Esdras 2:70; 7:7, 24; y Nehemías 10:28, que no eran tan solo cuatro mil músicos que estaban juntos (o amontonados), sino que los porteros, cantores, servidores, sacerdotes y el resto del pueblo se unían para hacer diferentes actividades juntos. Esto no se logra con disoluciones y contienda. Esto es un trabajo de engranaje. Imagina una iglesia donde la música es de lo mejor que se haya podido escuchar, músicos profesionales y entregados a Dios. La predicación es directa al grano, no hay bromas ni distracciones, solo un mensaje claro y conciso. No se presentan problemas en el sonido, no hay *feedback*, el video *beam* funciona a la perfección, las imágenes son adecuadas, pero al final de la celebración, los ujieres y algunos hermanos que saludan a las visitas son algo groseros y odiosos. Quizás tengan la cabeza en otro lugar y saludan a la gente sin prestarle atención, en el mejor de los casos. Hay otros hermanitos que van de un lado a otro apurados y sin querer hasta se tropiezan con las visitas. ¿Sabes que impresión se llevará ese amigo que los estaba visitando? Quizás no la mejor. Porque en un reloj suizo cada engranaje hace su parte para que la obra final sea impecable. Si llegase a fallar alguna pieza, el reloj simplemente pierde su objetivo. Al participar del culto con tus hermanos recuerda que tú formas parte de ese gran engranaje.

Esguince

Hace poco en una reunión de trabajo, estábamos sentados en la sala de juntas un cliente, un colega y yo. Nos ofrecieron café como de costumbre. Mientras una señora amablemente nos preparaba un café, nosotros iniciamos la reunión. Al llegar ella se detiene en una esquina de la mesa, trayendo la bandeja y encima las tres tazas con café. Nos acercó la bandeja para que cada uno tomara la suya. El cliente tomó su taza y yo hice lo mismo. Pero al llegar a mi compañero, al levantar la mano por sobre el nivel del hombro para agarrar su recipiente, sintió un tirón en el hombro que le hizo golpear la bandeja y por ende derramar todo el café caliente.

Gracias a Dios nadie se quemó; no pasó más que un susto. Sin embargo, este incidente me hizo pensar en la importancia de fortalecer los ligamentos que unen los miembros del cuerpo de Cristo. Me hizo pensar en que quizás los miembros tienen un objetivo claro: "tomar la taza de café", "realizar una campaña evangelizadora en una zona de la comunidad donde está ubicada su iglesia". El objetivo en sí no es malo. Es noble, y los miembros del cuerpo están de acuerdo en ir y cumplirlo. Hay involucrados más de dos miembros. La cabeza, el cuello, los ojos, el torso, el brazo, el hombro; todos están dispuestos. El pastor, los coordinadores, los colaboradores, todos. Pero, en el momento menos indicado surge un conflicto. Esguince...

El tirón en el hombro no ocurrió con el brazo sobre el escritorio, ni antes de llegar a la bandeja: sucedió en el momento menos indicado. El esguince se dio en el momento menos indicado. Ya estaban por iniciar la parte musical cuando el bajista vio que el guitarrista tomó agua de su botella personal. Vamos, es algo sencillo; tampoco fue una actividad de mucho esfuerzo, ni siquiera tenía una pesa o un libro en la mano, solo levantó el brazo apenas por encima del nivel del hombro y ahí estuvo el esguince. No fue nada grave, no le escupió el agua, ni se la derramó encima, es más, muchos toman del mismo vaso, del mismo sorbete, pero para él fue terrible: tomó de su envase personal. Y todos saben que a él no le gusta esa clase de cosas. Esguince...

Déjame decirte algo: si los cuatro mil músicos aman a Dios, y al mismo tiempo si los cuatro mil aman la música, buenos resultados se pueden obtener. De esta manera la ejecución de los instrumentos se llevará en armonía y se logrará el efecto de comunión y adoración que se espera obtener.

Cuando todos están llenos del Espíritu Santo, su lenguaje corporal/gestual y audible se encauzará dentro de un mismo canal, dentro de un mismo traductor, que es el Espíritu Santo. Es en la comunión de los santos que se pueden lograr los objetivos propuestos. Cuando tienen en claro que los planes son establecidos por Dios y están actuando en su voluntad, solo deben cuidar que los ligamentos estén lo suficientemente fuertes para que ningún movimiento, por sencillo que parezca, se atreva a debilitar la unión entre los músicos, ni hacer que el café sea derramado sobre la mesa.

Amar a Dios y ser disciplinados no tiene que ver con tener un exceso de seriedad. Demostrar amor y compañerismo no está separado de ser disciplinado, ni significa ser irreverente. No hay nada peor que intentar adorar a Dios y tener al lado a alguien con cara de amargado o con una seriedad impostada. De igual manera, los músicos no pueden estar mostrando otra actitud que no sea la de amar a Dios. No puede existir un momento de compañerismo con una música rígida que no inspire el amor y gozo que como cristianos debemos transmitir. Peor aún sería intentar comunicar unión y compañerismo a la vez que suenan algunos instrumentos desafinados y cada músico está haciendo su parte sin importarle el resto.

¡Qué amor, disciplina, responsabilidad, compañerismo y orden –entre otras cosas– debió haber existido entre ese grupo de cuatro mil músicos! ¿No podemos nosotros, un pequeño grupo de cinco, de tres o incluso de dos, ponernos de acuerdo y adorar a Dios de manera tal que transmitamos a los oyentes esa necesidad de adorar a Dios de manera genuina?

Resultados de un corazón gozoso y lleno de amor

Estos versículos que presento a continuación, en lo personal me atraen por su contexto, su historia y su relevancia para nuestros días en cuanto a compañerismo, amor y gozo se refiere.

...todo el pueblo se reunió en la plaza que está frente a la puerta de las Aguas, para pedirle a Esdras, el jefe religioso, que leyera la ley que Dios les había dado por medio de Moisés. El sacerdote Esdras sacó el rollo de las leyes de Moisés. Se paró sobre un estrado de madera hecho especialmente para la ocasión, de modo que todos pudieran verlo mientras leía.

Entonces Esdras bendijo al Señor, el gran Dios, y todo el pueblo dijo: «¡Amén!», y levantaron las manos al cielo. Luego se arrodillaron y adoraron al Señor, inclinándose hasta tocar el suelo con la frente.

Además, Esdras les dijo: «¡Vayan a sus casas a celebrar este día! Preparen buena comida, beban vino dulce y compartan con los que no tienen nada preparado. No, no se entristezcan porque el gozo del Señor es nuestra fortaleza».

Entonces el pueblo se fue a hacer fiesta y a compartir sus comidas y bebidas con sus amigos. Fue ocasión de gran fiesta y gozo, porque podían oír y entender las palabras del libro de la Ley.

Esdras les estuvo leyendo el libro de la Ley durante todos los días de la fiesta, y en el octavo día se celebró el servicio solemne de clausura, como lo requería la ley de Moisés.

—Nehemías 8:1-6, 10, 12, 18

Por favor, lee el capítulo completo cuando puedas. Lo primero que observamos en este pasaje es que se sentaron cada uno en su puesto tal cual como hacemos los domingos en algunas iglesias. Sin conocer quién está sentado unas filas delante de ti, sin saber cómo se llama la persona que está visitándolos o acompañándolos ya por tercera vez, como simples robots que reflejan en sus rostros serios una prolongada santidad. ¡Pues no! Eso no es lo que vemos aquí.

Se aprecia desde un inicio que todo el pueblo estaba reunido en la plaza, y estaban unánimes de tal manera que parecían un solo hombre. Puedo imaginarme a toda una multitud aunada en el gozo; quizás incluso no hizo falta mucho esfuerzo para convocarlos. Eran un cuerpo, tenían una sola alegría, un solo gozo, habían terminado el muro y poseían una misma sed por escuchar la Palabra de Dios. Dice el versículo 5 que el pueblo estaba atento a lo que iba a leer Esdras. ¡Qué hermoso sería si la congregación pudiera mantenerse gozosa pero atenta y respetuosa a lo que es la Palabra y el mensaje de Dios!

> **¿Te imaginas lo maravilloso que sería si la congregación oyera y viera al grupo de músicos y cantores de tu iglesia como una sola persona?**

¿Te imaginas lo maravilloso que sería si la congregación oyera y viera al grupo de músicos y cantores de tu iglesia como una sola persona? Sin distinción de quién sonó mejor, sin posibilidad a decir que tal o cual desafinó, simplemente sentir que la adoración no fue guiada por un grupo de músicos y cantores sino por un solo cuerpo. Unánimes como un solo cuerpo.

Luego, en el versículo 10 tenemos una tremenda declaración del resultado de un corazón gozoso y lleno de amor: *"El gozo del Señor es nuestra fortaleza"*. ¡Alégrate y gózate hermano, Jehová es nuestra fuerza! Su gozo nos alienta. Su gozo nos anima.

En los versos siguientes se invita al pueblo a celebrar y compartir. Se invita a comer, beber y obsequiar porciones.

¡Ja! Me imagino a más de un "cristiano-cara-larga" decir que eso no es aceptable, que tanta alegría no puede deberse a nada solemne y puro como es la adoración a Dios, que sencillamente el gozo y la solemnidad no van de la mano.

Llama la atención que el final del verso 12 dice: "...*porque podían oír y entender las palabras del libro de la Ley*". ¡Qué gran gozo produjo en el pueblo haber escuchado el libro de la ley! ¡Qué gran alegría trajo el haberlo entendido! Fue un motivo de regocijo. El pueblo se postró con rostros inclinados hacia el suelo (v. 6), pero también se gozó en unidad y compañerismo. Con entendimiento de lo que significaba como pueblo ese libro. Con respeto por lo que Dios les había ordenado y encomendado en su ley.

Ya he perdido la cuenta de las veces que he oído cantar a un grupo de cristianos "La alegría está en el corazón de aquel que conoce a Jesús", pero entonándolo con rostro de funeraria. ¡Vamos! ¡La alegría está en el corazón! Refléjala también en el rostro y sonríe. "*¡Cantad alegres a Dios!*", nos anima su Palabra.

Al final de este capítulo 8 de Nehemías, vemos que concluyeron con una celebración luego de haber tenido siete días de fiestas y lecturas de la ley de Dios. Te voy a mostrar cómo lo presenta la Biblia en Traducción Lenguaje Actual. Dice así: "*La fiesta duró siete días, y en cada uno de ellos Esdras leyó el libro de la Ley de Dios. Al octavo día celebraron un culto para adorar a Dios siguiendo las instrucciones del libro de la Ley*". Bien lo dice el sabio en Proverbios 17:22, "*El corazón alegre es una buena medicina, pero el ánimo triste debilita el cuerpo".* No hay razón para hacer de los cultos dominicales un servicio a las caras largas intentando demostrar una solemnidad farisea. Eso solamente conseguirá secarte los huesos.

No hay razón para hacer de los cultos dominicales un servicio de las caras largas intentando demostrar una solemnidad farisea. Eso solamente conseguirá secarte los huesos.

Alégrate y gózate en el Señor con tus hermanos: *"El corazón feliz, alegra la cara..."* (Proverbios 15:13a).

Ya muchas iglesias están adoptando el nombre de 'celebración' en vez de 'culto', y es que reunirse como hermanos es un motivo de celebración. Buscar de Dios, leer su Palabra, invocar su nombre, deben ser actos de compañerismo, unión y armonía. El encuentro dominical para adorar a Dios de manera colectiva debe ser una celebración solemne, en espíritu y en verdad, con alegría y gozo, decentemente y con orden.

Hasta aquí podemos ver que un corazón gozoso y lleno de amor trae como resultado fortaleza del Señor, medicina al cuerpo y hermosura al rostro. ¿Quieres ser un "cristiano-cara-larga" que transmite debilidad, huesos secos y semblante triste en vez de santidad? Estoy seguro de que prefieres ser un creyente miembro de un solo cuerpo, gozoso, fuerte, sano y hermoso.

Raíces de secuoyas

Hay un par de versículos muy conocidos en el pueblo cristiano que nos habla del espíritu que debemos tener en el acto de congregarnos.

> *Tratemos de ayudarnos unos a otros para animarnos al amor y a hacer el bien. No dejemos de reunirnos, como algunos acostumbran hacer, sino animémonos unos a otros, y con mayor razón cuando vemos que aquel día se acerca.*
>
> *—Hebreos 10:24-25*

Muchas veces escuché sacar solamente el versículo 25 para exhortar (en realidad, regañar y meter el dedo en la herida) a algún otro hermano que haya dejado de asistir por diversos motivos. Confundimos exhortar con sermonear y sacar en cara. Pero no es suficiente tomar un solo versículo y sacarlo del contexto; se les olvida el versículo anterior, para animarnos al amor y a las buenas obras, ayudarnos unos a otros. Este es el espíritu general de la Palabra.

Destaco de este texto el considerarnos unos a otros para estimularnos al amor y buenas obras. Formamos parte de un gran engranaje donde el lubricante que disminuye los roces y asperezas es el compañerismo. Debemos tomar en cuenta las debilidades, fortalezas y características en general de los hermanos con quienes compartimos el escenario o altar. No todos los músicos son iguales, algunos pueden seguir los arreglos musicales con facilidad, otros no. No todos los cantantes son iguales ni tienen la misma facilidad de entonar y respirar. Debemos tener paciencia, amor, considerarnos y estimularnos mutuamente para hacer las tareas cada vez mejor.

Más importante aún es considerar a la congregación. Tenemos que erradicar el concepto de que la congregación es una parte lejana del servicio y la adoración y olvidarnos de la idea de que estamos para entretener a la congregación. Debemos planificar y ejecutar todo pensando en que la congregación es parte de la celebración que anhelamos ofrecerle a Dios.

Imagina que tu mamá es alérgica a la piña. Se acerca su cumpleaños y quieres organizarle una fiesta sorpresa. Tus amigos te recomiendan hacer una fiesta hawaiana y te parece una buena idea. Ocurre que no consideraste la alergia de tu mamá, ni tampoco estimulaste a tus amigos a que la fiesta es para ella, no para adolescentes. Tu madre es una persona mayor, quizás la temática no sea totalmente de su agrado. Y como todos sabemos, la piña sería una parte importante en toda fiesta hawaiana.

Imagina lo mismo con la congregación. Puede haber una canción que *a ti* te guste muchísimo. Pero es a ti a quien le gusta. Considera a la congregación, considera el momento y situación cultural, las edades, los gustos, lo que el Espíritu Santo le está hablando a la iglesia, las palabras que está trayendo el pastor en sus prédicas, entre otras cosas.

Un buen compañerismo –uno fundamentado no en comidas, bebidas ni fiestas, sino en la consideración y estimulación entre los hermanos para las buenas obras– producirá una unión cada vez más sólida entre los miembros del cuerpo. Esto permitirá que puedan desarrollarse mayores esfuerzos sin que algún miembro desmaye. Por el contrario, se fortalecerán los ligamentos del cuerpo.

Si a uno de los cantantes le cuesta a veces entrar en el tiempo, entonces disponte a ayudarle y practicar con él lo suficiente para solventar esa debilidad. Si sabes que alguno de tus hermanos tiene problemas familiares, por ejemplo, entonces ora con él. Sí, no te estoy diciendo que ores *por* él, sino *con* él. Una vez que ello hagas, ahora sí te digo, ora también *por él*.

Hebreos 10:25, que como dijimos anteriormente, muchos toman para reclamarles a otros hermanos que empiezan a debilitarse, es una consecuencia de la falta de unión y de compañerismo. "*...no dejando de congregarnos*", dice la versión RVR60. Congregarnos implica permanecer unidos. ¿Estás consciente de que si alguien está "dejando de congregarse" pudiera ser en parte a causa de que no lo has estado animando al amor y a las buenas obras? ¿Pudiera ser porque no le has demostrado suficiente unidad? Tristemente estamos acostumbrados a culpar a los demás, mirándolos con pena y aventurándonos a decir: "Pobre, no tuvo fuerzas, realmente no creyó en el Señor". Pero pregúntate a ti mismo: ¿Realmente esa persona no tuvo fuerzas o yo no hice nada por mantenerla unida al cuerpo de Cristo? ¿Me preocupé por él o ella? ¿Pude identificar en su rostro, en sus palabras, en sus actos, en sus ojos, que algo estaba pasando y necesitaba de mí?

Cabe aclarar que no estoy diciendo que esa sea la única causa, pero podría ser en parte una de las razones (mas no la única). No quiero crear confusiones, pero sí quiero que la próxima vez que veas a tu hermano desmayar o flaquear, no lo ataques, sino que te analices a ti mismo y puedas verificar si fuiste lo suficientemente considerado y compañero como para que él o ella se sintiera apoyado y unido a ti, tan unido como las raíces de los árboles secuoyas, resistiendo tempestades; unido como un brazo al hombro, o mejor aún, como un miembro al cuerpo de Cristo.

Es importante tener en cuenta, sin embargo, que ser compañeros, considerados y unidos, no significa ser consentidores o alcahuetes. Acabamos de leer que la exhortación forma parte de la comunión.

A veces, es necesario un abrazo y a veces una sacudida. Para saber cuándo dar uno u otro, debemos permanecer unidos a nuestros hermanos, conocerlos, escucharlos y dejar que el Espíritu Santo nos guíe en esa relación de comunión con los hermanos. Por lo general, el lobo persigue a la oveja que se ha separado del rebaño. No te separes de tu rebaño. Si no formas parte de una iglesia, ¿cuál es la razón? Es totalmente bíblico estar en una iglesia y es totalmente insensato no estarlo. Recuerda: hay muchos encuentros que fortalecen esos ligamentos que mantienen unido a los miembros.

A veces es necesario un abrazo y a veces una sacudida. Para saber cuándo dar uno u otro, debemos permanecer unidos.

Si un miembro sufre, los demás miembros sufren con él y si un miembro recibe algún honor, los demás se regocijan con él (1 Corintios 12:26).

Paz relacional

El pastor Sebastián Golluscio en su libro *El Poder de la adoración comunitaria* nos recuerda que lo que más le interesa a Dios es que nos llevemos excelentemente bien entre nosotros.

> *Pues yo añado que el que se enoja contra su hermano está cometiendo el mismo delito. El que le dice "idiota" a su hermano, merece que lo lleven al juzgado. Y el que maldiga a una persona, merece ir a parar a las llamas del infierno.*

> *Por lo tanto, si mientras estás presentando tu ofrenda delante del altar, te acuerdas de pronto de que alguien tiene algo contra ti, deja allí mismo tu ofrenda. Vete primero a reconciliarte con tu hermano y luego regresa a presentar tu ofrenda.*
>
> —Mateo 5:22-24

Golluscio explica:

> *Hay dos enseñanzas fundamentales en estas palabras de Jesús: prioridades y coherencia. De esas dos cosas enseñó Jesús en este fragmento de su famoso sermón del monte. No dijo que eran innecesarias las ofrendas, las canciones, los rituales y de más expresiones externas de adoración. Claro que todo eso tiene su lugar. Lo que dijo es que nuestra ofrenda en el altar debe estar precedida por una absoluta paz relacional. Esa debería ser nuestra prioridad.[9]*

Recuerdo una canción de mi niñez. No era una tonada infantil; lo cantaba un hermano llamado Benito Ramírez y, aunque no era de su autoría, lo interpretaba con una convicción tal que realmente uno sentía que eran ciertas esas palabras. Tanto que cada vez que lo entono en la actualidad, recuerdo su voz y su ministerio como misionero.

---

9 Sebastián Golluscio, *El poder de la adoración comunitaria* (Buenos Aires: Red Nacional de Adoradores, 2015).

*// Un mandamiento nuevo os doy: Que os améis
unos a otros; //*
*//Como yo os he amado, como yo os he amado,
Que os améis también vosotros. //*
*// Amémonos de corazón y de labios no fingidos
//*
*//Para cuando cristo venga, Para cuando cristo
venga*
Estemos apercibidos. //
*// ¿Cómo puedo yo orar resentido con mi
hermano? //*
*//Dios no escucha la oración, Dios no escucha la
oración*
Si no estoy reconciliado. //

Este himno siempre me pareció importante y básico para la vida del cristiano porque ¿cómo podremos ofrendar, alabar o decir que amamos a Dios si no estamos reconciliados con nuestros hermanos? Sería como servir a dos señores al mismo tiempo, uno que ama y otro que destruye.

Me gusta otra frase del pastor Sebastián que dice: "Hay quienes no entienden que el amor a Dios y el amor al prójimo son dos caras de una misma moneda". Él también señala que pareciera que esta incoherencia espiritual es tan antigua como la historia de Caín y Abel, considerando que el primer asesinato de la historia sucedió después de un culto de adoración (Génesis 4:3-8).

¡Imagina si esto sucediera en la actualidad! De hecho, ocurre algo semejante, solo que no hay sangre corriendo. ¿Cuántas veces terminamos hablando cuestiones negativas del pastor, o del maestro de la escuela bíblica dominical o del ujier que no me sonrió hoy? Cuántas veces salimos del culto y lo que continúa en las casas es un momento de crítica a los demás hermanos.

Tenemos que reconocer que esa moneda incluye por un lado amar a Dios y por el otro lado amar al prójimo. No podemos tomar o aceptar un solo lado; no podemos decir "tengo media moneda". Y aun si tuviéramos media moneda, seguiría teniendo las dos caras siempre.

Dios nos demanda a ser la sal de la tierra. Sal para dar sabor, sabor a cristiandad. Intenta formar parte de la crema y la nata de la sociedad. Apórtale la mejor proteína y vitamina que pueda tener. Dale sabor a cristiandad.

Aun entre el pueblo cristiano es necesario dar sabor a cristiandad. Incluso dentro de tu iglesia local es preciso demostrar que tienes sabor a Cristo. Que nadie te menosprecie, tal como el apóstol Pablo le dijo a Timoteo. Es necesario que tengas un espíritu de compañerismo y perdonador tal como se le pidió a Filemón. Demuestra que el amor de Dios llegó a tu vida, y que tus palabras y tus actos son consecuencias de ese amor. Créeme cuando te digo que, así como tus palabras influyen más según cómo las dices, en vez de qué es lo que dices, lo mismo ocurre con la música. No es solo tocar notas, son interpretaciones del alma. Son altavoces que le dicen a los oyentes, a la congregación, a los nuevos creyentes, a los incrédulos, y a tus hermanos: ¡Hay vida en Jesús!

Tu personalidad, cómo te sientes, tu comunión con Dios y con los hermanos, se verá reflejado en la música que transmites.

El compañerismo es para la iglesia (el cuerpo de Cristo), lo que los cartílagos y ligamentos son para los miembros del cuerpo. Por eso te animo a que con tu música, con tu voz, tus instrumentos y tu toda tu vida puedas fortalecer a la iglesia de Cristo.

CAPÍTULO 6

La música en los

MINISTERIO
DE ADORACIÓN

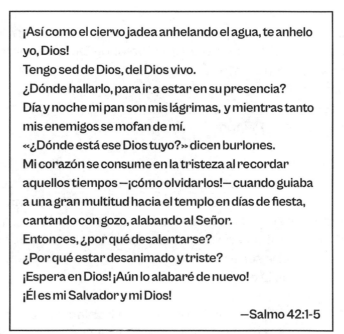

¡Así como el ciervo jadea anhelando el agua, te anhelo yo, Dios!

Tengo sed de Dios, del Dios vivo.

¿Dónde hallarlo, para ir a estar en su presencia?

Día y noche mi pan son mis lágrimas, y mientras tanto mis enemigos se mofan de mí.

«¿Dónde está ese Dios tuyo?» dicen burlones.

Mi corazón se consume en la tristeza al recordar aquellos tiempos —¡cómo olvidarlos!— cuando guiaba a una gran multitud hacia el templo en días de fiesta, cantando con gozo, alabando al Señor.

Entonces, ¿por qué desalentarse?

¿Por qué estar desanimado y triste?

¡Espera en Dios! ¡Aún lo alabaré de nuevo!

¡Él es mi Salvador y mi Dios!

—Salmo 42:1-5

Bastante se ha escrito sobre música y adoración. Tanto que hasta el creyente que está iniciando en los caminos del Señor, cree que es lo mismo. Posiblemente lo crea así porque se lo han hecho ver de ese modo. Tanto que hasta muchos cristianos con años en el evangelio aún confunden música con adoración.

Es común escuchar "ahora vamos a adorar a Dios" como introducción a una serie de cantos. Es común también escuchar "cantos de adoración" y "cantos de alabanza", distinguiendo que el primero es de modo más sereno y el segundo más jubiloso.

Para aplicar el hábito de la adoración, podemos cantar, podemos declarar en voz alta el valor de Dios, podemos llegar en oración ante su presencia con corazones agradecidos, podemos dejar que la buena música dirija nuestros corazones y nuestras mentes a Él, podemos meditar en su Palabra.

Mi intención en este momento no es profundizar sobre este tema, sino presentar algunas de las conclusiones que se tienen en relación a la música y la adoración. De igual modo presentar el uso de la música como arte funcional dentro del ministerio de adoración de la iglesia local. Un arte que debe ser bien usado de manera positiva y activa en la obra de Dios.

¿Recuerdas que en primer capítulo hablamos sobre la música como un 'arte funcional'? Verla como algo más que una interpretación técnicamente bien ejecutada, la diferencia entre música y ruido, considerar al destinatario y que, puntualmente hablando, sin dejar de ser algo artísticamente hermoso la misma sea evaluada –o valorada– por si cumple o no su intención final.

Surgieron preguntas como ¿toda música es adoración?, ¿toda adoración debe ser musical?

También vimos a lo largo de los capítulos anteriores que había una equivocación al considerar a la música como algo aparte de los ministerios de la iglesia, donde se separan las funciones de *proclamación, enseñanza, servicio* y *compañerismo* de la música, ya que esta pertenecía exclusivamente a la función de *adoración*.

Sin duda, entonces, estamos en condiciones de afirmar que la música un arte funcional. Lo mismo ocurre con el ministerio de adoración. La música no es más que una de las tantas formas que existen para adorar a Dios.

Juan Francisco Stout, en su tesis para optar al grado de Doctor en Educación, hizo una investigación en México analizando la relación entre los pastores, la adoración y la música. Entre sus conclusiones rescato que debe haber una enseñanza intencional en las iglesias sobre la música para un buen uso de la misma como elemento de adoración a Dios. A su vez define adoración como la "respuesta afirmativa y obediente del ser humano a la revelación que Dios hace de sí mismo en Cristo Jesús, mediante la cual reconoce su pecaminosidad y acepta la oferta de salvación de parte de Dios, lo cual conduce a rendir alabanza, reverencia, honra y devoción como un acto inteligente de la mente que, a su vez, produce un enriquecimiento espiritual y un fortalecimiento interior perdurable".[10]

10 Juan Stout, "Factores relacionados con el concepto de adoración y filosofía de la música religiosa de los pastores adventistas en México" (2006). Disponible en bit.ly/4890fha

Por lo cual, la música en la adoración no es solamente un instrumento bien ejecutado o una voz melodiosa y afinada. En la adoración reconocemos nuestra condición pecadora, la misericordia y redención de Dios hacia nosotros y, finalmente, nuestro agradecimiento y exaltación por la reconciliación.

Patrick Morley, autor de *The Man in the Mirror*, nos da una buena ilustración de lo que para él significa adoración. Él siempre fue un fan de la fórmula uno. Una vez le dijeron que probara el nuevo Play Station 2 y el juego "F1 2002". Como todo fanático y ser ultra curioso, lo compró. Seleccionó el auto de Michael Schumacher. Rápidamente, estaba en una pista virtual a más de 300 km/h. El mundo entero había desaparecido. No había distracción alguna. Estaba concentrado. Estaba al volante. Iba ganando... hasta que su esposa abrió la puerta y le dijo: "Nuestro hijo John al teléfono". Luego pasó lo que ya se imaginan. Morley volcó (en el juego) girando de forma descontrolada en todas las direcciones, se estrelló contra la baranda y paró abruptamente. Su hijo era más importante.

El autor compara esa entrega que tuvo con el videojuego con la dedicación que se le debe tener a las cosas de Dios. Estar tan concentrados y enfocados en la relación con Él, que se es capaz de impedir cualquier distracción, aunque sea por unos momentos. Crear una conexión al cien por cien con Dios. Él también nos llama a estar conscientes de la adoración que tiene lugar 24/7 (las veinticuatro horas, cada día de la semana) y habla de vivir cada día de la abundancia de esos momentos especiales con Dios.

Lucas Leys, doctor en Teología, en su libro *Oxígeno*, el segundo libro de una trilogía, nos comparte que adorar es "en esencia, la expresión orgánica de qué o quién está en el trono de nuestra alma y tiene mucho más que ver con lo que *hacemos* continuamente que con lo que *decimos* o *cantamos* en situaciones religiosas"[11] (las cursivas son énfasis mío). Además, nos insta a tener consciencia de que cuando *no* estamos adorando al Creador, lo estamos haciendo a algo –o alguien– de su creación.

Por lo tanto, la adoración es una actividad que hacemos consciente e inconscientemente. En palabras de Lucas Leys: "El peso del uso de nuestro tiempo cuenta una historia mucho más elocuente que nuestras palabras" por lo que, pensando en cuestión de horas, nuestra adoración tiene un mayor porcentaje de ejecución en nuestra vida fuera del templo.

James Packer, un reconocido teólogo con un doctorado en filosofía y autor de *bestsellers* como *Conociendo a Dios*, resume la adoración como "toda nuestra comunión directa con Dios: invocación, meditación, fe, alabanza, oración y recibir instrucciones de su Palabra, tanto en público como en privado".[12]

Entonces, como vimos, parte de la naturaleza del hombre es adorar. Es triste hacer la siguiente observación, pero

---

11   Lucas Leys, *Oxígeno*, Editorial e625 (2023).
12   James Packer, *Conociendo a Dios* (Barcelona: Clie, 1985).

es cierta: el hombre siempre busca adorar algo, ya sea un objeto, una persona, algo. Dios nos creó de ese modo.

Fíjate que en el principio de la creación Dios se paseaba en el huerto con Adán. ¿Sabes qué implica adoración? Pasar tiempo de calidad con Dios, y eso era precisamente lo que podía disfrutar Adán: pasear en el huerto junto con Dios, tener un tiempo de calidad con Él.

Una vez rota la confianza y separados por el pecado, el hombre buscó agradar a Dios y restituir la adoración por medio de los altares y sacrificios. En Éxodo capítulo 32 observamos una muestra de cómo el pueblo se desviaba de ese encuentro de calidad con Dios y buscaba adorar otras cosas que les recordara o les hiciera sentir que estaban protegidos por algo místico superior a ellos. Por favor, no vayas a pensar que soy un hereje, pero puede ser que el pueblo de Israel estuviera en la búsqueda de Dios mismo, pero al no saber cómo encontrarlo, se desviaron del camino y simplemente le pidieron a Aarón que les fabricara un dios:

Como Moisés se demoraba en descender del monte, el pueblo se presentó ante Aarón:

—Mira —le dijeron—, haznos dioses que nos dirijan, porque este Moisés que nos sacó de Egipto no aparece; algo debe de haberle ocurrido.

—Tráiganme los aretes de oro que tengan sus esposas, hijos e hijas —respondió Aarón.

Así que todos los que tenían aretes se los quitaron y se los entregaron a Aarón. Entonces él fundió el oro, y con un cincel hizo un becerro. Al ver el becerro, el pueblo exclamó: «¡Israel, este es tu dios que te sacó de Egipto!».

Cuando Aarón vio lo feliz que estaba el pueblo con el becerro, edificó un altar delante del becerro, y anunció:

—Mañana habrá fiesta en honor del Señor. A la mañana siguiente madrugaron y comenzaron a presentar holocaustos y ofrendas de paz. Luego de comer y beber, se entregaron a la diversión.

—Éxodo 32:1-6

La búsqueda de Dios es natural en el ser humano. Parte de nuestra naturaleza busca regresar a ese estado de adoración original con Dios. Blaise Pascal, un matemático, físico, filósofo, teólogo católico y apologista francés del siglo XVII, decía que nuestro ser tiene una forma hueca, la que no puede ser completada, sino con la forma única y exacta de Dios. Es nuestra naturaleza adorar a Dios. De manera consciente o inconsciente, nuestro ser busca reencontrarse con el Creador. Algunos piensan que por descarte la única opción razonable es creer que Dios existe y es nuestro Hacedor, que todas las teorías de evolución y creación son consecuencias de la primera y original creación de Dios.

Pero creer que Dios existe no es lo mismo que adorarle.

Nuevamente, nuestra naturaleza es adorar a Dios, y hasta que no reconozcamos que nuestra adoración solo la merece Él, entonces estaremos perdiendo el tiempo en piezas de Lego que no llenarán nuestro vacío original, tal como lo ilustra Pascal.

Si ya entendimos cómo en el principio Dios paseaba con Adán, ¿qué crees que estaremos haciendo en los huertos celestiales cuando partamos de este mundo material? ¡Exacto! Adorarle. Fuimos concebidos desde el inicio para adorarle. Una vez quebrada la relación y seguidamente reconciliados con Dios mediante el sacrificio de nuestro Señor Jesucristo, nuestro propósito se mantiene: adorar a Dios.

Al partir de este mundo terrenal, nuestro propósito inicial se fortalece y será continuar adorando junto con los ángeles a nuestro Creador, Dios.

Adoración no es música, ni teatro, ni llorar; no es una postura física ni cantar suavecito. *Es tener un encuentro significativo con el Creador*. Lo que ese momento significativo te lleve a hacer, es entre tú y Dios, y eso es adoración.

En Éxodo 15 se observa un canto espontáneo que surgió de Moisés al cruzar el Mar Rojo. El canto fue continuado luego por María (profetisa hermana de Aarón), quien tomó un pandero y fue acompañada por otras mujeres que salieron a danzar igual con sus panderos. Se puede notar su gozo en el versículo 21: *"Cantemos al Señor, porque obtuvo un triunfo extraordinario, pues arrojó caballos y jinetes al mar"*.

La versión RVR60 dice: *"Canten a Jehová porque en extremo se ha engrandecido"*. ¡Qué tremendo leer que los israelitas con tanto gozo dijeron que Dios se había engrandecido en extremo! Eso significa mucho más de lo que pudieran imaginar. No es que hizo algo bueno, no es que se lució: se engrandeció ¡en extremo! O también, *"obtuvo un triunfo extraordinario"*.

Toma un momento para pensar: ¿No ha sido Dios extraordinario contigo? Al recordar sus misericordias para contigo, ¿no te dan ganas de llorar, gritar, cantar, saltar, proclamar a viva voz quién es el Rey de gloria?

Me agrada la última parte de ese versículo 21, pues me recuerda un cántico de mi niñez que se entonaba con mucho gozo y que decía: "Echó a la mar quien los perseguía // Jinete y caballo echó a la mar". Era un canto que se entonaba a todo pulmón, con bailes y con todo gozo.

Quizá nosotros ahora no podamos siquiera imaginarnos cuánto gozo sintió Israel al saber que habían sido librados físicamente, que sus vidas habían sido salvadas de los brazos del enemigo. No podemos ni tan solo imaginarlo. A lo sumo entonamos la letra, y lo hacemos a viva voz, pero estoy seguro de que los israelitas la cantaron a todo dar, con conocimiento de causa, sentimiento real y total gozo.

Al imaginarme la reacción de Moisés y de María junto con el pueblo, maravillados al ver la victoria dada por Dios a los israelitas sobre egipcios, visualizo cantos y grandes saltos de alabanza y adoración a Dios. Mi mente recrea las grandes expresiones de gozo, alegría, y victoria.

Casi finalizando ese capítulo se relata que habiendo caminado tres días por el desierto, no habían conseguido agua. La única fuente de líquido que había resultaba ser amarga. Jehová le ordenó a Moisés endulzar las aguas que encontraron, y le dio una instrucción sencilla:

E hizo Moisés que partiese Israel del Mar Rojo, y salieron al desierto de Shur; y anduvieron tres días por el desierto sin hallar agua.

Y llegaron a Mara, y no pudieron beber las aguas de Mara, porque eran amargas; por eso le pusieron el nombre de Mara.

Entonces el pueblo murmuró contra Moisés, y dijo: ¿Qué hemos de beber?

Y Moisés clamó a Jehová, y Jehová le mostró<Xun árbol; y lo echó en las aguas, y las aguas se endulzaron. Allí les dio estatutos y ordenanzas, y allí los probó; y dijo: Si oyeres atentamente la voz de Jehová tu Dios, e hicieres lo recto delante de sus ojos, y dieres oído a sus mandamientos, y guardares todos sus estatutos, ninguna enfermedad de las que

envié a los egipcios te enviaré a ti; porque yo soy Jehová tu sanador.

—*Éxodo 15:22-26 (RVR60)*

Hay un refrán que dice "Nadie escarmienta en cabeza ajena", pero en mi caso, yo prefiero no ignorar las experiencias de otras personas y más bien apropiarme de ellas, de modo tal que pueda convertirse en una base que me ayude a establecer mi modo de actuar. Obvio, siempre con criterio. En el versículo final observamos algunas cláusulas que Dios le deja a Moisés luego de endulzar el agua y saciar la sed del pueblo de Israel.

La adoración es un encuentro significativo con Dios, y creo que apropiándonos y siguiendo estos mandatos dejados a Moisés, nosotros hoy día podemos sentirnos bendecidos al desarrollar ese encuentro significativo con Dios.

Veamos algunas de ellas a continuación:

1. *Oír atentamente la voz de Dios;*

2. *Hacer lo recto delante de sus ojos;*

3. *Obedecer sus mandamientos.*

Si lo hago, tendré la confianza de que no me vendrá mal alguno, porque Dios es mi sanador.

Escuchar atentamente la voz de Dios, va más allá de simplemente oír un lenguaje angelical que dicte instrucciones. 'Atentamente' no significa que de repente estabas escuchando algo y otra cosa te interrumpió; no significa que hay quinientos sonidos alrededor y simplemente sabes que hay algo ahí dentro de esas quinientas voces sonando que podría ser distintivo.

Escuchar atentamente implica un esfuerzo en identificar la voz de Dios y prestarle atención. Implica tratar de disponer de tu tiempo y energías, direccionar tu oído y tus sentidos hacia aquello que realmente te interesa.

Te invito a que puedas disponer de tu tiempo y de tus fuerzas para enfocarte en lo que Dios quiere decirte. *"La Escritura entera es inspirada por Dios y es útil para enseñarnos, para reprendernos, para corregirnos y para indicarnos cómo llevar una vida justa. De esa manera, los servidores de Dios estarán plenamente capacitados para hacer el bien"* (2 Timoteo 3:16-17). No hay nada fuera de la Palabra de Dios que pueda conducirte a escuchar su voz.

"Mis ovejas oyen mi voz; yo las conozco y ellas me siguen" (Juan 10:27). Es por ello que no es suficiente con oír con atención, sino que además es necesario **hacer lo recto delante de sus ojos**. Jesús fue quien pronunció esas palabras, previa explicación a que Él es el Buen Pastor, nos conoce y nosotros como sus ovejas al oír su voz por naturaleza le seguiremos.

Pero hay algunas preguntas importantes para hacernos: ¿De quién es la voz que estamos siguiendo? ¿Estamos seguros de estar escuchando la voz de Dios? Porque de ser así, sin duda alguna deberíamos estar siguiendo al Dueño de esa voz: Jesús. Leemos en Juan 15:14, *"Ustedes son mis amigos si hacen lo que yo les mando"*. En contra parte, ¿en qué nos convertimos si no hacemos lo recto ante los ojos de Jehová? ¿En qué nos convertimos si no hacemos lo que Él nos manda?

Debemos **obedecer sus mandamientos**. Algunos estudiosos encuentran que en el Antiguo Testamento hay 613 mandamientos dados por Dios al pueblo de Israel. Debemos estar conscientes de que en ese momento que Moisés le estaba diciendo al pueblo las palabras de Dios, los mandamientos eran considerados ordenanzas o decretos por parte de Dios. También se pueden ver como promesas, porque muchas de ellas terminan siendo condicionantes para el bienestar de Israel.

Escuchar atentamente los mandamientos de Dios implica revisar y tomar conciencia de qué acciones realmente le agradarán a Dios. Para resumir los mandamientos, Jesús dejó solamente dos mandatos generales, en los cuales estaba comprendida toda la Ley.

> *Jesús respondió: "Amarás al Señor tu Dios con todo tu corazón, con toda tu alma y con toda tu mente".*

Este es el primero y el más importante de los mandamientos.

El segundo es similar: "Amarás a tu prójimo con el mismo amor con que te amas a ti mismo".

Los demás mandamientos y demandas de los profetas se resumen en estos dos mandamientos que he mencionado. El que los cumpla estará cumpliendo todos los demás.

—Mateo 22:37-40

En el Salmo 119:11, leemos: *"He atesorado tu palabra en mi corazón, para no pecar contra ti".* Guardar los mandamientos de Dios es atesorarlos y darles el lugar que merecen. Significa no dejarlos escapar, ni que se nos olviden; tenerlos siempre presentes de modo tal que podamos recordarlos día a día y actuar según guardemos sus estatutos.

¿Sabes algo interesante? En la medida que oigas atentamente a Dios podrás cumplir sus mandamientos con mayor facilidad y actuar de modo tal que tu propia vida sea una muestra de adoración a Él.

Un libro que te recomiendo leer al respecto es *La voluntad de Dios*, escrito por John MacArthur. Este libro me ayudó a entender cómo puedo vivir y especialmente cómo tomar decisiones basadas en la voluntad de Dios.

Si tu propia vida será una muestra de adoración a Dios, ¿qué crees que va a ocurrir con todo lo que hagas en tu vida? Con tu universidad, tu trabajo, tus vecinos, ¡tu música! Pues tal como ya imaginas, serán bendecidas por Dios, serán de ejemplo entre creyentes y no creyentes, será una ¡adoración viva!

¿Qué sucede cuando adoramos?

La respuesta seguramente la habrás experimentado en algún momento, quizás no tengas palabras para describir qué es lo que sucede. Morley relata: "La criatura, profundamente consciente de su esencia como criatura, acude a la presencia del único Padre santo y verdadero, y está en comunión con él. La experiencia nos lleva a exaltar, reverenciar, y alabar. Nos postramos ante nuestro Dios santo".[13]

Cuando adoramos, nuestra relación con Dios cambia, de igual modo nuestra relación con los demás se ve afectada. En Isaías 6 el profeta se encontraba en el templo –podemos suponer que estaba adorando– y esto es lo que ocurrió:

> *¡Yo vi al Señor el año que murió el rey Uzías!*
> *Ocupaba un trono sublime, y el templo estaba*
> *lleno de su gloria.*
>
> *Sobre él revoloteaban poderosos serafines de*

---

13   Patrick Morley, *Doce hábitos para fortalecer su caminar con Cristo* (Michigan, USA: Editorial Portavoz, 2010).

seis alas. Con dos alas se cubrían el rostro, con otras dos se cubrían los pies y con dos volaban.

En gran coro antifonal cantaban: —Santo, Santo, Santo es el Señor Todopoderoso; toda la tierra está llena de su gloria.

¡Qué tremendo canto! Hizo temblar el templo hasta sus cimientos, y súbitamente todo el santuario se llenó de humo.

Entonces dije: «¡Esta es mi muerte! Porque soy un pecador de boca impura, miembro de una raza pecadora, de inmunda boca, y sin embargo he mirado al Rey, al Señor Todopoderoso».

Entonces uno de los serafines voló hacia el altar y con unas tenazas sacó una brasa.

Con ella me tocó los labios y dijo: —Con esto se te declara "inocente", porque esta brasa tocó tus labios. Todos tus pecados quedan perdonados.

—¿A quién enviaré por mensajero a mi pueblo? ¿Quién irá? —oí al Señor preguntar. Y yo dije: —Señor ¡yo voy! Envíame a mí.

—Isaías 6:1-8

Al estar en la presencia de Dios, Isaías no pudo hacer nada más, sino reconocer que era un ser humano que no merece ver a Dios. Admitió su condición humana e impura. Fue movido al arrepentimiento y purificación.

Tener un encuentro con Dios debe motivarte al arrepentimiento por nuestros pecados, y a reconocer su grandeza y majestad. A darle gloria. A buscar la purificación. No fue sino hasta ese momento en que el serafín le dijo *"Con esto se te declara 'inocente', porque esta brasa tocó tus labios. Todos tus pecados quedan perdonados"*, que Isaías pudo encarar su destino. ¿A quién enviaré por mensajero a mi pueblo? Entonces el profeta pudo responder: *"Señor ¡yo voy! Envíame a mí"*.

¿Quieres saber el propósito de Dios para tu vida? ¡Adora!

Tener un encuentro significativo con Dios debe generar cambios positivos, cambios que solo puede producir el mismo Ser que te creó y te diseñó. No hay otro consejero que pueda indicarte lo mejor para ti, que Aquel que te formó con sus manos y te dio aliento de vida.

¿Quieres saber el propósito de Dios para tu vida? ¡Adora!

¿Cómo saber si le va a gustar o no?

Una de las partes más complicadas al momento de escoger un obsequio para alguien importante como una pareja, una madre, un líder o representante de alto nivel, es precisamente eso: elegir. Saber qué es lo que le gusta a esa persona. No equivocarse en la elección de la forma o el color. No errar en el sabor, o peor aún, si es alérgico o no. Ahí comienza el problema, con las preguntas: ¿Qué le gustará? ¿Será que esto le gusta o no?

La mejor forma es, sin duda, *conocer a esa persona*; pasar tiempo con ese ser tan especial y particular para tu vida; investigar qué cosas le gustan; estar consciente de que muchas veces los pequeños detalles, pero constantes, son mucho mejor que un único gran regalo por toda la vida.

Entrando en el mar que se llama adoración, y considerando la música como un arte funcional dentro del ministerio de adoración nos preguntamos entonces: ¿Cómo saber si le va a gustar o no? Dios nos la pone "tan papita" (tan fácil), que nos ha dejado al mismo Espíritu Santo, Consolador y Guiador. ¡La música es como la oración! ¿Recuerdas cuál es nuestra confianza? *"Y esta es la confianza que tenemos en él, que si pedimos alguna cosa conforme a su voluntad, él nos oye"* (1 Juan 5:14 RVR60).

La adoración es un tiempo de calidad con Dios. Durante ese tiempo puedes expresar y hacer lo que desees. Es *tu* tiempo con Dios. Una de las expresiones que existen para adorarle es la música. Puedes entrar en tu intimidad y adorar a Dios como desees: en oración, de rodillas, con llanto, alegría, gozo, dando brincos, danzando, etc. Eso sí: lo que vayas a hacer, hazlo con excelencia. Recuerda que es ese regalo que quieres darle a esa persona tan especial. Ni más ni menos que tu Creador, Salvador y Redentor.

Un gran ejemplo de adoración lo encontramos en Pablo y Silas. Nadie en su sano juicio estaría feliz luego de haber sido azotado con varas y encarcelado con cepos en los pies, como nos cuenta esta historia a continuación.

El pueblo se alzó entonces contra Pablo y Silas, y los jueces ordenaron que los desvistieran y azotaran con varas.
Así se hizo, y los azotaron repetidas veces.
Al terminar, los arrojaron en una prisión y le advirtieron al carcelero que los cuidara con suma seguridad.

El carcelero, entonces, además de encerrarlos en el calabozo de más adentro, les aprisionó los pies en el cepo.

Era ya media noche. Pablo y Silas todavía estaban orando y cantando himnos al Señor. Los demás prisioneros escuchaban.

De pronto, un gran terremoto sacudió los cimientos de la cárcel y las puertas se abrieron y las cadenas de todos los presos se soltaron.

El carcelero, al despertar y al ver las puertas abiertas, creyó que los prisioneros habían

escapado y sacó la espada para matarse.

—¡No te hagas ningún daño! —le gritó Pablo—. ¡Todos estamos aquí!

Temblando de miedo, el carcelero ordenó que trajeran luz, corrió al calabozo y se puso de rodillas ante Pablo y Silas.

—Señores, ¿qué tengo que hacer para salvarme? —les preguntó suplicante, después de sacarlos de allí.

—Cree en el Señor Jesucristo y serán salvos tú y tu familia —le respondieron.

—Hechos 16:22-31

Conozco muchos casos en los cuales los hermanos de la iglesia se apartan más bien del Señor cuando las cosas no están color de rosa. Sé de muchos casos en los que uno termina aconsejándoles y recordándoles que en medio de la adversidad "no dejen de congregarse, como algunos tienen por costumbre". Me inspira mucho saber que ese tiempo de adoración e intimidad con Dios no está limitado a un templo o a un estado de ánimo o a ninguna situación externa.

Pablo y Silas no tuvieron tiempo de escoger sus mejores prendas, ni de preparar un repertorio de cantos y lecturas, ni de buscar sus instrumentos para cantar y predicarles a los presos. No me malinterpretes, no estoy diciendo que hay que improvisar en el templo un domingo o en una campaña de evangelización. Quiero resaltar el hecho de que aun en la peor circunstancia a la cual ellos fueron llevados, no vieron limitación alguna para adorar a Dios. No hubo barreras para que tuvieran un encuentro con Dios.

A medianoche, amoratados por la golpiza previa que recibieron, es difícil pensar que ellos estuvieran "de buen humor" para empezar a cantar. Incluso por cosas menores, algunos músicos me han dicho que no están de humor para ensayar. ¿Será que les hacen falta unos latigazos y un cepo para entrar en calor? (Es una broma).

Pablo y Silas, aun luego de haber recibido golpes y humillación en público, tomaron la decisión de presentarse a Dios en oración y cantar himnos a Él. ¡Qué poder se puede sentir! ¿Qué templanza y decisión se puedo apreciar en ellos!

Retomando la pregunta, ¿cómo saber si le va a gustar o no a Dios nuestra adoración? Si bien es necesario tomarse el tiempo para configurar el efecto que queremos en la pedalera de la guitarra, y prepararnos para la adoración musical, la mejor preparación será la del corazón.

Aun estando en sus prisiones, Pablo pudo sintonizar su corazón con el de Dios por medio de la oración y cantar himnos. Hay un canto de Danny Berrios que se llama "Alaba"; toda la letra se trata de que no importa en qué situación te encuentres, puede ser un 'top 10 de felicidad' o un 'menos

10 subsuelo', pero ¡alaba a Dios! porque Él siempre está escuchándote. A veces, verás cómo abre las puertas de la cárcel, como hizo con Pablo; otras, simplemente sentirás un silencio profundo. Pero ten la confianza y la fe de que te está escuchando y seguramente, si es desde el corazón, estará sonriéndote con agrado.

Lo hermoso de una adoración natural que fluye del corazón es que tus actos estarán de igual forma sintonizados con el corazón de Dios. Lo que hagas en el escenario y fuera de él complacerá totalmente a tu audiencia: Dios. Fíjate que, en el pasaje bíblico, una vez culminados los himnos y abiertas las puertas de la cárcel, los actos de Pablo continuaban enmarcados en tener ese tiempo de calidad con Dios y llevar a los demás a esa intimidad con el Creador.

Adorando a la audiencia

Hooper, el secretario de C. S. Lewis, una vez escribió:

> *Le pregunté a Lewis si se daba cuenta de que, prescindiendo de sus intenciones, él estaba 'obteniendo adoración' por sus libros. Él respondió en voz baja y con la más profunda y completa humildad que haya observado jamás en alguien: tenemos que esforzarnos todo lo posible por no pensar en ello.*[14]

---

14 Patrick Morley, *Doce hábitos para fortalecer su caminar con Cristo* (Michigan, USA: Editorial Portavoz, 2010).

¿Recuerdas la comparación usada al inicio del libro? Presenté un teatro con sus elementos, comparándolo con la adoración eclesiástica. Se suele confundir la disposición del templo y del teatro con la disposición de quien da/recibe adoración. Es muy fácil pensar que, por estar en el escenario, los aplausos, la gloria y la admiración le pertenecen al cantante o a los músicos. Tal idea es un error fatal.

Si nosotros como músicos (instrumentistas y cantantes por igual) permitimos que el director de culto realmente sea el Espíritu Santo, entonces los que estamos en la plataforma podremos ser la congregación en pleno, y nuestra audiencia será la mejor que existe, la más amorosa y exigente, una a la que no le basta con que suene bien, sino que mira las intenciones de los que están en el lugar más visible (o sea la congregación, músicos y directores).

> **Hay una línea muy delgada entre hacer las cosas cada vez mejor y sentir cierta satisfacción de gloria por los buenos resultados obtenidos.**

Reconozco que hay una línea muy delgada entre hacer las cosas cada vez mejor y llegar a confundirse y sentir cierta satisfacción de gloria por los buenos resultados obtenidos. La delgada línea surge porque como humanos estamos acostumbrados a que es el consumidor quien dice si el producto es bueno o no. En este caso, presentación tras presentación, será la congregación y los de alrededor los que te dirán como músico si lo hiciste bien o no. Te dirán

"¡Felicitaciones! Todo sonó muy bien". Algunos responden por cortesía: *"Gloria a Dios".* Otros dicen: *"Gracias, gracias. Fue un duro ensayo, pero valió el esfuerzo".* Repito, es una línea muy delgada. Todo depende de la intención del corazón y si realmente el Espíritu Santo es el director o no.

En la segunda carta de Pablo a los Corintios, al final del capítulo 2, habla de lo que nosotros representamos en esta tierra y de cómo debemos presentarnos ante Él.

Pero, ¡gracias a Dios que siempre nos lleva en el desfile victorioso de Cristo! y dondequiera que vamos nos usa para hablar a otros y para esparcir el evangelio como perfume fragante. Para Dios somos como la fragancia de Cristo; olor que llega a los que se salvan y a los que se pierden.

Para estos, somos un olor de muerte que lleva la muerte; pero para los otros, somos un olor de vida que lleva a la vida. Y ¿quién está perfectamente capacitado para una tarea como esta?

Nosotros fuimos enviados por Dios para anunciar el evangelio con sinceridad delante de Dios, porque estamos unidos a Cristo. No somos como esos que predican la palabra de Dios por lucro.

—2 Corintios 2:14-17

Como cristianos representamos la fragancia, la imagen y la actitud de Cristo. Debemos transpirar ese olor a Cristo. ¿Cómo adquirimos esta fragancia? Este es un perfume sobrenatural que solo se obtiene pasando tiempo de calidad con la fuente de ese aroma: Cristo. Recuerda que adoración significa pasar tiempo de calidad con Dios.

La Biblia nos muestra con claridad lo que se espera de un adorador:

> *Ustedes son la luz del mundo. Una ciudad asentada sobre un monte no puede esconderse.*
>
> *Nadie enciende una lámpara para esconderla bajo un cajón, sino que la pone en alto para que alumbre a todos los que están en la casa.*
>
> *¡Así dejen ustedes brillar su luz ante toda la gente! ¡Que las buenas obras que ustedes realicen brillen de tal manera que la gente adore al Padre celestial!*
>
> —Mateo 5:14-16

¿Cómo hacer para mantenerse al margen de esa línea tan delgada? Pasando tiempo con Cristo, dejando que Él sea quien dirija, menguando en todo tiempo. Así como las fragancias son fácilmente detectables, el pueblo de Dios fácilmente sabrá cuando la adoración es genuina y cuando es falsa.

En la medida que pases tiempo de calidad con Dios, podrás transpirar esa fragancia de Cristo, y podrás alumbrar delante de los hombres. ¿Con qué fin? Para que, viendo las buenas obras realizadas, las demás personas puedan glorificar a Dios.

El apóstol Pablo afirma que la adoración musical debiera ser tanto emocional como intelectual o racional. *"En un caso así, ¿qué debo hacer? Debo orar con el espíritu, pero también con el entendimiento. Debo cantar con el espíritu siempre que se entienda la alabanza que estoy ofreciendo"* (1 Corintios 14:15).

> **Debemos transpirar ese olor a Cristo. Este es un perfume sobrenatural que solo se obtiene pasando tiempo de calidad con la fuente de ese aroma: Cristo.**

Dinorah Méndez, en el Primer Congreso Latinoamericano Bautista de Adoración, en Brasil, compartió que "en toda experiencia de adoración, tanto nuestra mente o intelecto como nuestras emociones están o deben estar involucradas".[15] Y es que no podemos separar la razón de la emoción, así como no podemos separar nuestro cuerpo del alma. Adoramos con todo nuestro ser.

---

15 Dinorah Méndez, "Las influencias culturales en la teología y los estilos de la adoración" (México, 2000). Disponible en: bit.ly/3R-mOuOU

Nuevamente Leys escribe: "La adoración a Dios no puede llevarse a cabo solo con el cerebro, porque eso sería no amar al Señor con todo el corazón como indica el gran mandamiento. De manera que debemos involucrar, expresar y encausar las emociones también".[16]

Asimismo, es cierto que las reacciones se dan de acuerdo a las características de cada persona y en el caso de la música, hay personas que reaccionan a ella más emotiva que racionalmente.

Esto requiere un esfuerzo extra de nuestra parte, porque no basta con hacer las cosas bien: tenemos que hacerlas mejor. Las personas no nos estarán viendo a nosotros, sino a Aquel a quien representamos: a Cristo. Es por ello que es sumamente importante que recordemos que no debemos siquiera intentar robarle ese lugar a Dios. Hagamos siempre nuestro mejor esfuerzo, busquemos siempre la excelencia. Si nos felicitan, reconocer y honrar a Dios. *"Porque, todo fue creado por Dios, existe por él y para él. ¡A él sea la gloria siempre! Así sea"* (Romanos 11:36). Humildemente, permítete el gozo de saber que lo estás haciendo bien, pero ten en cuenta que debes hacerlo mejor porque aún te seguirá faltando muchísimo.

Comparto contigo un testimonio de Luis Fernando Solares, un gran músico y productor. En el 2001 Fernando fue invitado por Danilo Montero a participar en su ministerio

---

16 Lucas Leys, *Oxígeno*, Editorial e625 (2023).

en la apertura de sus conciertos internacionales hasta el año 2003. En ese tiempo produjo y compuso todas las canciones del disco "Sígueme". Dios trató con Fernando durante la composición de las canciones del disco, permitiendo un accidente en el cual se quebró el hombro. Fue durante ese desierto cuando el músico aprendió tres principios fundamentales que establecieron las bases para su ministerio. Primero: a Dios no se le impresiona con música, porque Él la creó. Segundo: lo que Dios va a hacer no depende de las facultades y los talentos de las personas, sino de su poder, su gracia y su misericordia. Tercero: a Dios no le interesan las canciones, le interesan los corazones.

A Dios no le interesan las canciones, le interesan los corazones.

Este es el momento preciso para compartir una recomendación que nos deja Patrick Morley: "Adore a Dios cada día. Conviértalo en una costumbre. Busque oportunidades para adorarlo durante todo el día (...) Practique la adoración a Dios por todo (...) La adoración puede ser una palabra intimidante, pero es relativamente fácil de hacer. Simplemente tiene que dejar que su alma este en contacto con Dios cada día un poco más y mejor".[17]

---

17 Patrick Morley, *Doce hábitos para fortalecer su caminar con Cristo* (Michigan, USA: Editorial Portavoz, 2010).

6 | LA MÚSICA EN EL MINISTERIO DE ADORACIÓN

La música tiene un gran valor en la adoración; sin embargo, no permitamos que la música tome el 100 % de la adoración. Reconozcamos además la oración, la devoción, la obediencia y nuestra actitud entera como adoración a Dios.

CAPÍTULO 7

La música en

EN TU VIDA

¡Alabemos a Dios, Padre de nuestro Señor Jesucristo!, porque su misericordia es grande y nos ha hecho nacer de nuevo por medio de la resurrección de Jesucristo. Esto fue así para que tengamos una esperanza viva.

—1 Pedro 1:3

El pastor Sebastián Golluscio en su libro *El poder de la adoración comunitaria* hace una referencia al director coral y músico canadiense Dennis Tupman, quien presenta los beneficios del canto para la salud. Entre algunos que se mencionan en el libro se encuentran:

• *El canto reduce la ansiedad y puede ayudar a superar la depresión.*

• *Incrementa la dopamina y las endorfinas, las cuales son hormonas del bienestar.*

• *A los niños con dificultades de aprendizaje les sirve de apoyo cuando aprenden a leer, y aumenta el coeficiente intelectual de los niños pequeños. Además, al cantar los tartamudos no vacilan.*

- *Los investigadores Robert Beck y Thomas Cesario, de la Universidad de California, tomaron muestras de saliva de algunos coristas antes y después de dos ensayos y una función en la que interpretaron la misa solemne en RE mayor de Beethoven. Descubrieron que los niveles de proteínas en el sistema inmunitario de los cantantes se incrementaron, sobre todo el de inmunoglobulina A, que aumentó el 50 % durante los ensayos, y al 240 % en la presentación, mientras disminuyó la hormona del estrés, el cortisol.*

Hay un testimonio personal del pastor Sebastián Golluscio que me llamó la atención, y espero que sea de bendición para ti una vez que entiendas el impacto que tiene la música en tu vida y que puede tener en la vida de otros a través de ti:

Algunos años atrás falleció Corina, mi abuela materna. Padecía mal de Alzheimer y en sus últimas semanas de vida estuvo completamente inconsciente. Recuerdo que le hablábamos, intentando obtener al menos una respuesta escueta o incoherente, pero nada. Aún con sus ojos abiertos, su mente parecía apagada. Su corazón latía, sus pulmones funcionaban, pero el cerebro estaba irreparablemente dañado. Mi abuela ya no respondía a ningún estímulo. Mejor dicho, a casi ninguno. Una sola cosa

*la "despertaba" de manera instantánea:
escuchar los viejos himnos de la iglesia.*

*Mi papá habitualmente se acercaba y
comenzaba a tararearle aquellas melodías.
Eran himnos que mi abuela había aprendido
desde pequeña. Canciones cristianas clásicas
como "Cuán grande es Él", "Oh, tu fidelidad"
o "Porque Él vive". Bastaba con comenzar
a cantar la primera estrofa para que
"mágicamente" mi abuela reaccionara. No
solo reaccionaba. Cantaba de memoria toda
la canción, sin equivocarse en siquiera una
frase. Cantaba con pasión como si estuviera
viendo a Dios cara a cara. La misma persona
que minutos antes no podía decir ni "sí" ni "no"
ahora cantaba sin errores himnos de hasta
cinco largas estrofas. ¿Cómo entender este
extraño fenómeno?*

*Un querido amigo de la familia solía visitarnos,
y cada vez que venía aprovechaba sus
virtudes vocales para cantarle una serenata
privada a mi abuelita. Él mechaba los viejos
himnos con canciones cristianas más
contemporáneas, que mi abuela conocía, y la
respuesta era la misma: reacción inmediata.
Una de aquellas tardes de serenata este
querido amigo esbozó una frase que siempre
recordaremos, y que más allá de explicar el
comportamiento de mi abuela, en esencia*

es toda una definición antropológica. Dijo:
"Lo que pasa es que el espíritu no tiene
Alzheimer".[18]

El pastor concluye reflexionando acerca de que el cantarle juntos a Dios no solo produce efectos positivos en nuestro organismo como los mencionados previamente, sino que, sobre todo, estamos activando nuestro espíritu.

Me encantó esa frase final: "El espíritu no tiene Alzheimer". Es buena porque aplica para todo.

Sinceramente, creo que Dios no se preocupa meramente por todo lo que hacemos sino por el motivo que nos anima. Arthur Wallis, autor y líder internacionalmente conocido por su trabajo en el movimiento de iglesias hogareñas en Gran Bretaña, nos comenta en su libro *El ayuno escogido por Dios* acerca de la relación entre lo que hacemos exteriormente y cómo lo hacemos, que solo Dios puede reconocer esa actitud interior:

> *Una actitud correcta puede verse privada de*
> *todo su valor a los ojos de Dios si obramos con*
> *motivos equivocados. El peligro de esto es*
> *agudo en la esfera de ejercicios espirituales*
> *externos. "Ante ti hemos ayunado", dicen,*
> *"¿por qué no te impresionas?" (Isaías 58:3a)",*
> *se preguntaban perplejos los religiosos en los*

---

18 Sebastián Golluscio, *El poder de la adoración comunitaria* (Buenos Aires: Red Nacional de Adoradores, 2015).

días de Isaías. La respuesta divina no se hizo esperar: "Es que mientras ayunan se dedican a hacer negocios, y explotan a sus trabajadores" (Isaías 58:3b). El ayuno que realizaron y todos los despliegues de piedad con que hicieron gala estaban regidos por el interés propio y la búsqueda personal. No es de extrañarse que Dios preguntara indignado: "Si a eso que ustedes hacen le llaman ayuno, ¡a mí no me agrada para nada!" (Isaías 58:5a).[19]

¿Qué nos motiva a acercarnos a Dios? En Mateo 20:21 vemos una aspiración muy humana para un destino muy celestial: *"Quiero que cuando establezcas tu reino, mis dos hijos se sienten junto a ti en el trono, uno a tu derecha y el otro a tu izquierda"*, pero Jesús les aclara en el v. 26 que *"el que quiera ser grande debe servir a los demás"*.

Si debe haber algún reconocimiento hacia un siervo de Dios, debería ser redundantemente suficiente ser reconocido como "siervo de Dios". No que te reconozcan por tu buena oratoria o tu buena técnica musical; eso se quedará en el polvo. Que te reconozcan por ser un buen siervo fiel. Es así como Saúl conoció a Samuel. El ayudante de Saúl le dijo: *"En este pueblo hay un hombre que sirve a Dios. Toda la gente lo respeta mucho. Dicen que cuando él anuncia que algo va a suceder, sucede"* (1 Samuel 9:6b TLA). Ese era el reconocimiento del que gozaba Samuel. Para ese momento Saúl era un joven de la tribu de Benjamín

---

19   Arthur Wallis, *El ayuno escogido por Dios* (Grupo Nelson, 1992).

perteneciente a la familia más insignificante de la tribu. No conocía a Samuel, pero este por su parte era respetado por todo el pueblo. Cuando iba a presentar sacrificios en el santuario, todos esperaban a que él bendijera los animales del sacrificio para comenzar a comer.

Debemos enfocar lo que nos motiva hacia adorar sinceramente a Dios. Si estás en el grupo musical de la iglesia porque te gusta tocar tu instrumento o cantar, créeme que hay muchas bandas donde podrías destacarte haciendo eso. Si sientes una paz y un gusto cuando las canciones salen bien y la gente aplaude, puedes buscar otras bandas y hacer magníficos conciertos.

¿Quieres que sientan tu presencia o la presencia de Dios?

¿Quieres que sientan tu presencia o la presencia de Dios? Pablo señaló que debemos andar como es digno del Señor: *"Así podrán agradar y honrar al Señor en todo; harán toda clase de buenas obras y conocerán cada día más y mejor a Dios"* (Colosenses 1:10). Debemos esforzarnos en ser humildes y mantener la unidad con los hermanos. Que se sienta la presencia de Dios y no busquemos resaltar nosotros.

Sean totalmente humildes y amables. Sean pacientes entre ustedes y, por amor, sean tolerantes unos con otros. Esfuércense por

mantener la unidad creada por el Espíritu, por medio de la paz que nos une.

—Efesios 4:2-3

Tienes que estar consciente de que el que recibe la gloria y la adoración es Dios. Todo lo que hacemos es en gratitud a Él, no para hacer un espectáculo a la congregación, sino para motivar a la congregación a adorar a Dios. No solo con canciones, sino como te expliqué en la sección de proclamación, sino con todo: la música que haces durante las oraciones, durante la predicación, durante la recolección de las ofrendas, tu actitud, tu vestimenta, todo lo que haces debe buscar honrar a Dios e inspirar a otros a adorar a Dios.

> **Todo lo que hacemos es en gratitud a Él, no para hacer un espectáculo para la congregación, sino para motivar a la congregación a adorar a Dios.**

El domingo –o el día de reunión en la iglesia– no es para recargar tus pilas ni la de los demás y así estar bien lo que resta de semana. La adoración congregacional es para que, después de haber tenido un buen tiempo de devoción personal con Dios, puedas inspirar a otros a tener un tiempo de adoración a Dios comunitaria.

Morley (a estas alturas ya te habrás dado cuenta que es uno de mis autores favoritos) comparte una anécdota de David

Delk, quien fue presidente del ministerio para varones *Man in the Mirror* por más de veinte años. David cuenta la historia de un naranjo que tiene en su patio. Supongamos que David se cansara de las naranjas y decidiera que ahora quiere manzanas. ¿Qué sucedería si fuera al supermercado y comprara un saco de hermosas manzanas y un rollo de cinta adhesiva? Supongamos que quitara todas las naranjas del árbol y colgara manzanas donde antes había naranjas. ¿Cambiaría esto al árbol? ¡Es evidente que no! Al año siguiente brotarían flores blancas en el árbol, que se convertirían en naranjas, no en manzanas. La razón es que no se puede cambiar el fruto si no se cambia la raíz. La única manera de librarse de las naranjas es arrancando el árbol de raíz y empezar de nuevo plantando un tipo diferente de árbol. Para ello se requiere constancia y perseverar en la acometida. La constancia es la necesidad de hoy y de ahora. Nadie se vuelve repentinamente malo. Charles Swindoll en su libro *Pásame otro ladrillo*, basado en la historia de Nehemías, relaciona a la decadencia moral con la construcción del muro de Jerusalén. La decadencia ocurre cuando se afloja el primer tramo de mezcla y uno de los ladrillos cae a un lado, uno lo deja ahí caído, luego cae otro y así sucesivamente.

Swindoll ejemplifica el valor de la constancia. Él cuenta la historia de una pequeña comunidad al noreste del estado de Pensilvania, donde se construyó un pequeño edificio de ladrillos rojos en 1958. Este edificio era icónico en la ciudad, tanto que el día de la inauguración asistieron más de 6000 personas, casi todos los residentes del pueblo. Sin embargo, cuenta en su historia que en menos de dos meses comenzaron a notarse ciertas grietas en los lados del edificio. Se observaron problemas en las ventanas y en las puertas: no cerraban. El techo comenzó a gotear. Tantos fueron los problemas que a los pocos meses tuvieron que evacuar el edificio y colocar un aviso de "Cerrado. No apto para el uso público". Una consultora revisó el caso y concluyó que todo el problema se debía a las explosiones de un área minera cercana, las cuales estaban destruyendo el edificio poco a poco, pero de manera contundente. Al final tuvieron que demoler el edificio.

No vale qué tan importante los demás crean que eres, ni cuántos te conozcan, sino la constancia que exista en ti. En la historia que leímos recién, el edificio se fue degradando con mayor fuerza debido el constante movimiento de tierra que ocurría por las explosiones; una tras otra, tras otra, tras otra. Una simple gota de agua que cae constantemente sobre una roca puede erosionarla y deformarla. No importa que la roca sea más fuerte o más grande que la gota de agua. Lo importante aquí es que *seas constante en tu decisión de seguir a Cristo*; que seas constante en tu decisión de ser un músico para Cristo y también en tu decisión de ejecutar la música plenamente en los cinco ministerios fundamentales de la iglesia.

Sucede muchas veces que los jóvenes van a algún campamento misionero y regresan con las baterías supercargadas, pero esa carga dura pocos meses (para no decir pocas semanas). Te animo a que continúes ferviente y constantemente en el aprendizaje y en la búsqueda de Cristo, en el fortalecimiento y desarrollo de tus talentos y del don que Dios ha puesto en ti. Recuerda que este don no es para que tú crezcas y te infles. El don que Dios te ha dado es para que bendigas a los demás, para que puedas ser una herramienta de bendición a la congregación, al cuerpo de Cristo.

Otro punto a resaltar de la historia de Charles sobre el edificio, es que no importa qué tan bonita sea la estructura; si en las bases o en el fundamento existe debilidad, todo lo demás se va a derrumbar. No importa si te vistes bonito, si te peinas bien o incluso si eres un buen instrumentista. Nada de esto vale si tu fundamento, tu base, no es sólida. Tienes que insistir y buscar constantemente la forma de que tu fundamento sea cada vez más fuerte. Si no tienes tiempo para hacer tu devocional diario, insiste fuertemente en sacar ese tiempo de otras actividades personales. Recuerda: nadie se hace malo de manera repentina. Si dejas de orar un día, a la semana siguiente no te va a doler, ni te va a costar dejar de orar dos días. Cuando te des cuenta, en menos de seis meses pasarás una semana completa sin orar y no lo habrás notado. Oblígate a hacer de la oración y la lectura bíblica una práctica constante. Sé intencional en fortalecer el ministerio que Dios ha puesto en ti.

Sé intencional en fortalecer el ministerio que Dios ha puesto en ti.

Alguien dijo que uno de los grandes usos de las redes sociales (Instagram, Facebook, X, YouTube, TikTik, Snapchat, entre otras) va a ser comprobar que la falta de oración no fue por falta de tiempo. Martin Luther King dijo: "Tengo tantas cosas que hacer hoy que dedicaré las primeras tres horas del día a orar". Otra vez digo, insiste fuertemente en tener tu tiempo de devoción a Dios.

Sir Winston Churchill cuando era un muchacho y asistía a la escuela, repitió tres veces el octavo curso porque le costaba aprender. Es irónico que años después, la Universidad de Oxford le pidiera pronunciar el discurso de la fiesta de graduados. En esa ocasión, una vez llegado al atril y mirando a la ansiosa audiencia, gritó con voz de autoridad: "¡Nunca se rindan!". Transcurrieron algunos segundos. El auditorio se quedó en silencio. Se levantó puesto de puntillas y gritó nuevamente: "¡Nunca se rindan!". Eso fue todo. El discurso de graduación de seis palabras de Churchill fue sin duda el más corto y elocuente jamás pronunciado en Oxford. Quisiera expresarte lo mismo que Pablo le dijo a su hijo espiritual, Timoteo. No desaproveches los talentos y dones que Dios te ha dado, persevera y mantente constante en el ministerio.

No dejes de usar las capacidades especiales que Dios te dio cuando los líderes de la iglesia pusieron sus manos sobre tu cabeza. El Espíritu Santo habló con ellos y les ordenó hacerlo.

Haz todo eso y dedica tiempo para ello, para que todos vean que cada día eres mejor.

> *Timoteo, compórtate como es debido, y ten cuidado de lo que enseñas. Sigue haciendo esto, y no solo te salvarás a ti mismo, sino que también salvarás a los que te escuchen.*

—*1 Timoteo 4:14-16 (TLA)*

Prepárate, practica, sé mejor cada día tanto en tu instrumento como en tu tiempo de devoción con Dios, y así en tu ministerio. Primera de Crónicas 25:7b dice: *"Ellos y sus familiares estaban adiestrados para cantar alabanzas al Señor. Eran doscientos ochenta y ocho en total, siendo cada uno de ellos maestro de música"*. Habían sido instruidos en el canto *para* Dios. No eran cualquier clase de músico, eran personas que se prepararon y dedicaron *para* el servicio a Dios. En Efesios 5:19-20 leemos: *"Cuando se reúnan, canten salmos, himnos y canciones espirituales. Alaben a Dios el Padre de todo corazón, y denle siempre gracias por todo, en el nombre de nuestro Señor Jesucristo"* (TLA).

Haz de la música, la oración, y la lectura de la Biblia parte de tu rutina diaria.

EPÍLOGO
5 + 1

Si te preguntas si finalmente pude culminar el bosquejo para el taller en esos cortos días, pues sí. En esos nueve días que me quedaban para preparar el taller, lo terminé y me sobraron unos días para revisarlo, resumirlo y releerlo una y otra vez.

Pude regresar a mi hogar en Venezuela, descansar, sonreír y meditar en lo grandioso que es nuestro Dios. Sin lugar a dudas, Dios obra de manera ¡extra-ordinaria!

Esa conversación de cinco minutos con mi hermano fue suficiente para iniciar un hermoso viaje que nos trae hasta esta página, pero no para culminar, sino para tomar impulso y hacer música consciente de su valor funcional en cada ministerio de la iglesia.

¿Hubo algún ministerio que no haya nombrado? Seguramente. De ahora en más, cuando escuches de alguna actividad en los anuncios o en las reuniones de planificación pregúntate desde tu lugar, con la música y sin importar el estilo de actividad planificada: *"¿Cómo participaré desde la música?"*.

Debes continuar hacia adelante, por ello te dejo una gran verdad inspirada en Mateo 5, y es que tú eres luz en este mundo, y una lámpara no se enciende para esconderla en un cajón. Por el contrario, se pone en la repisa para que alumbre a todos los que están en la casa. Tu conducta debe ser como una luz que ilumina y muestra cómo se obedece a Dios. Haz buenas acciones. Así los demás las verán y honrarán a Dios. Persevera y mantente constante.

¡Súbele el volumen y a sonar!

BIBLIOGRAFÍA

- Arthur Wallis, 1974. *El ayuno escogido por Dios*. United States: Bethany Literature Fellowship. Versión castellana: María Amalia Porro.

- Derlis, Edgar. "El concierto que conmovió el corazón de Dios". https://bit.ly/47NsdAF

- "Diccionario de la lengua española | Edición del Tricentenario". Diccionario de la lengua española - Edición del Tricentenario. https://dle.rae.es/.

- Hustad, Donald P. 1998. *Regocijaos!: la música cristiana en la adoración*. Trad. Bonnie de Martínez, J. Bruce Muskrat, Josie de Smith y Ann Marie Swenso. El Paso, Texas: Casa Bautista de Publicaciones.

- Doran, Carol y Troeger, Thomas H. 1994. *How to Select a Hymnal*. Editado por Robert E. Webber. Nashville: Star Song Publishing Group.

- Golluscio, Sebastián, 2015. *El poder de la adoración comunitaria*. Ciudad Autónoma de Buenos Aires, Argentina: Red Nacional de Adoradores.

- Icarito. "Tendones y Ligamentos". https://bit.ly/41echoK

- J. I. Packer, 1990. *A quest for Godliness (La búsqueda de la piedad)*. Wheaton, II.

BIBLIOGRAFÍA

- Méndez Dinorah, 2000. *Las influencias culturales en la teología y los estilos de la adoración*. México. https://bit.ly/3tkf3My

- Morley Patrick, 2010. *Doce hábitos para fortalecer su caminar con Cristo*. Michigan, USA: Editorial Portavoz.

- Nichols, Kathryn L., 1994. *Music and Musician in the Service of the Church*. Editado por Robert E. Webber. Nashville: Star Song Publishing Group.

- Stout, Juan, 2006. "Factores relacionados con el concepto de adoración y filosofía de la música religiosa de los pastores adventistas en México". Disponible en https://bit.ly/3RA4ONH

- Swindoll, Charles, 2010. *Pásame otro ladrillo*. México: Editorial Caribe. Versión Castellana: M. Francisco Liévano.

ALGUNAS PREGUNTAS QUE DEBES RESPONDER:

¿QUIÉN ESTÁ DETRÁS DE ESTE LIBRO?

Especialidades 625 es un equipo de pastores y siervos de distintos países, distintas denominaciones, distintos tamaños y estilos de iglesia que amamos a Cristo y a las nuevas generaciones.

e625.com

¿DE QUÉ SE TRATA E625.COM?

Nuestra pasión es ayudar a las familias y a las iglesias en Iberoamérica a encontrar buenos materiales y recursos para el discipulado de las nuevas generaciones y por eso nuestra página web sirve a padres, pastores, maestros y líderes en general los 365 días del año a través de **www.e625.com** con recursos gratis.

ZONA DE CONTENIDO
PREMIUM

¿QUÉ ES EL SERVICIO PREMIUM?

Además de reflexiones y materiales cortos gratis, tenemos un servicio de lecciones, series, investigaciones, libros online y recursos audiovisuales para facilitar tu tarea. Tu iglesia puede acceder con una suscripción mensual a este servicio por congregación que les permite a todos los líderes de una iglesia local, descargar materiales para compartir en equipo y hacer las copias necesarias que encuentren pertinentes para las distintas actividades de la congregación o sus familias.

¿PUEDO EQUIPARME CON USTEDES?

Sería un privilegio ayudarte y con ese objetivo existen nuestros eventos y nuestras posibilidades de educación formal. Visita **www.e625.com/Eventos** para enterarte de nuestros seminarios y convocatorias e ingresa a **www.institutoE625.com** para conocer los cursos online que ofrece el Instituto E 6.25

¿QUIERES ACTUALIZACIÓN CONTINUA?

Regístrate ya mismo a los updates de **e625.com** según sea tu arena de trabajo: Niños - Preadolescentes - Adolescentes - Jóvenes.

¡APRENDAMOS JUNTOS!

e625.com ⃝ ⓕ ⊙ ♪ Ⓧ /**e625**COM

CAPACITACIÓN Y ACTUALIZACIÓN MINISTERIAL ONLINE DE NIVEL UNIVERSITARIO

SIGAMOS
CRECIENDO
JUNTOS

SITIO WEB RENOVADO

WWW.
INSTITUTO**e**625.
COM

¡SUSCRIBE A TU MINISTERIO PARA DESCARGAR LOS MEJORES RECURSOS PARA EL DISCIPULADO DE LAS NUEVAS GENERACIONES!

Lecciones, bosquejos, libros, revistas, videos, investigaciones y mucho más

e625.com/premium

ZONA DE CONTENIDO
PREMIUM

Suscripción de **materiales premium** para iglesias

Recursos gratis

Tienda con envíos internacionales

Chat en tiempo real

Revista Líder 6.25

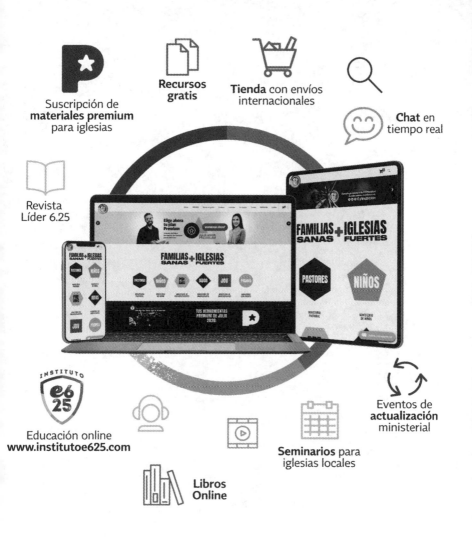

Educación online **www.institutoe625.com**

Libros Online

Seminarios para iglesias locales

Eventos de **actualización** ministerial

e625.com TE AYUDA TODO EL AÑO